Bodenreform 1945–1949

Kölner Schriften zu Recht und Staat

Herausgegeben von
Prof. Dr. Hartmut Schiedermair und
Prof. Dr. Bernhard Kempen

Band 20

PETER LANG
Frankfurt am Main · Berlin · Bern · Bruxelles · New York · Oxford · Wien

BERNHARD KEMPEN/YVONNE DORF

Bodenreform 1945–1949

Eine verfassungsrechtliche Neubewertung

PETER LANG
Europäischer Verlag der Wissenschaften

Bibliografische Information Der Deutschen Bibliothek
Die Deutsche Bibliothek verzeichnet diese Publikation in der
Deutschen Nationalbibliografie; detaillierte bibliografische
Daten sind im Internet über <http://dnb.ddb.de> abrufbar.

Gedruckt auf alterungsbeständigem,
säurefreiem Papier.

ISSN 1433-0253
ISBN 3-631-52669-5
US-ISBN: 0-8204-7332-4
© Peter Lang GmbH
Europäischer Verlag der Wissenschaften
Frankfurt am Main 2004
Alle Rechte vorbehalten.

Das Werk einschließlich aller seiner Teile ist urheberrechtlich
geschützt. Jede Verwertung außerhalb der engen Grenzen des
Urheberrechtsgesetzes ist ohne Zustimmung des Verlages
unzulässig und strafbar. Das gilt insbesondere für
Vervielfältigungen, Übersetzungen, Mikroverfilmungen und die
Einspeicherung und Verarbeitung in elektronischen Systemen.

Printed in Germany 1 2 3 4 6 7

www.peterlang.de

Vorwort

Auch viele Jahre nach der deutschen Wiedervereinigung lässt deren Regelwerk die Opfer der Bodenreform 1945 - 1949 nicht ruhen. Für deren Situation wirft die Arbeit der Politikwissenschaftlerin Constanze Paffrath mit dem Titel „Macht und Eigentum. Die Enteignungen 1945 - 1949 im Prozess der deutschen Wiedervereinigung" drängende Fragen auf.

Die vorliegende Arbeit, die aus einem rechtswissenschaftlichen Gutachtenauftrag heraus entstand, beleuchtet die rechtlichen Folgen, welche die von Frau Paffrath aufgestellten Thesen nach sich ziehen. Ohne sachlichen Rechtfertigungsgrund für eine Ungleichbehandlung der vor und der nach 1949 Enteigneten bestünde für Rechtsprechung und Politik Handlungsbedarf, dessen Optionen diese Arbeit aufzeigt.

Zum Zweck der Veröffentlichung wurde das Gutachten redaktionell geringfügig bearbeitet.

Köln, im April 2004   Bernhard Kempen, Yvonne Dorf

Inhaltsverzeichnis

A. DER GUTACHTENAUFTRAG 1
B. DIE BODENREFORMURTEILE DES
   BUNDESVERFASSUNGSGERICHTS 5
1. DAS BODENREFORMURTEIL I 5
   a) Sachverhalt 5
   b) Formelle Verfassungsmäßigkeit des
      Art. 143 Abs. 3 GG 6
   c) Materielle Verfassungsmäßigkeit des
      Art. 143 Abs. 3 GG 7
      (1) Prüfungsmaßstab 7
      (2) Die Frage nach der Eigentumsposition 9
      (3) Völkerrechtliche Aspekte 11
      (4) Elemente des Sozial- und Rechtsstaatsprinzips 11
      (5) Grundelemente des Gleichheitssatzes 13
   d) Ausgleichsleistungen 14
   e) Hauptargumentation des Gerichts 15
2. DAS BODENREFORMURTEIL II 17
   a) Sachverhalt 17
   b) Materielle Verfassungsmäßigkeit des
      Restitutionsausschlusses 18
      (1) Keine Verletzung der Grundelemente des
          Gleichheitssatzes 18
          (a) Die Verhandlungen mit der DDR 20
          (b) Die Verhandlungen mit der Sowjetunion 21
      (2) Keine Verletzung des Eigentumsschutzes 22

VIII

C. KEIN RECHTSFRIEDE IM WIEDERVEREINIGTEN
DEUTSCHLAND 25
1. KRITIK AN DEN BODENREFORMURTEILEN 25
2. DAS ERGEBNIS DER PAFFRATH-ARBEIT 26

D. VERFAHRENSMÖGLICHKEITEN ZUR
WIEDERHERSTELLUNG DES RECHTSFRIEDENS 31
1. MÖGLICHKEIT DER WIEDERAUFNAHME 33
    a) Wiederaufnahmeverfahren nach § 61 BVerfGG 33
    b) Analogie zu den Wiederaufnahmevorschriften
       anderer Verfahrensordnungen 34
       (1) Die Straftatbestände nach § 580 Nr. 1 - 5 ZPO 36
       (2) Der Tatbestand des § 580 Nr. 7 b ZPO 38
    c) Beseitigung groben prozessualen Unrechts 40
    d) Ergebniskorrektur 41
    e) Wiederaufnahmeanspruch 46
2. NEUE VERFAHREN 46
    a) Neue Sachentscheidung 46
    b) Entscheidungsinhalt 49
    c) Wirkungen der Entscheidung 59

E. HANDLUNGSMÖGLICHKEITEN ZUR
WIEDERHERSTELLUNG DES RECHTSFRIEDENS 63
1. NEUE TATSACHEN BRINGEN DAS KAUSALKONSTRUKT DES
BUNDESVERFASSUNGSGERICHTS ZUM EINSTURZ 63
    a) Bisherige Begründungskette des
       Bundesverfassungsgerichts 64
    b) Kein Grund für die Ungleichbehandlung 65
    c) Keine sonstigen Differenzierungsgründe 66
       (1) Das Jahr 1949 als Zäsur 66
       (2) Eingriffsschwere als Unterscheidungsmerkmal 68
       (3) Gleichbehandlung mit anderweitig Entrechteten 71

2. REGELUNGSAUFTRAG FÜR DEN GESETZGEBER 72
   a) Aufhebung disparater Regelungsbereiche
      zur Heilung der Ungleichbehandlung 73
      (1) Vollständige Aufhebung der Begünstigung 74
      (2) Aufhebung der Begünstigung ex nunc 75
      (3) Begünstigung ex nunc 78
   b) Gestaltungsmöglichkeiten einer Begünstigung 80
3. PROAKTIVE REGELUNGSMÖGLICHKEIT DES GESETZGEBERS 90

F. ZUSAMMENFASSENDE THESEN 97

LITERATURVERZEICHNIS 99

A. Der Gutachtenauftrag

Bereits vor ihrer Veröffentlichung hat die Dissertation der Politikwissenschaftlerin CONSTANZE PAFFRATH mit dem Titel „Der 'Restitutionsausschluss' im Prozess der Wiedervereinigung. Konflikt zwischen staatspolitischer Notwendigkeit und verfassungsrechtlicher Wertentscheidung?"[1] in der Presse Wogen geschlagen und ein außergewöhnliches Echo hervorgerufen.[2] Dies nicht zuletzt deshalb, weil die Arbeit auch juristische Relevanz hat – stellt doch Frau PAFFRATH fest, dass das Ergebnis ihrer Untersuchung im Widerspruch zu den Urteilsfindungen des Bundesverfassungsgerichts in den beiden Bodenreformentscheidungen von 1991 und 1996[3] steht, das auf falscher Tatsachengrundlage entschieden habe.[4]

Mit ihrer Arbeit geht Frau PAFFRATH der Frage nach, ob im Zuge der Verhandlungen über den Beitritt der Deutschen Demokratischen Republik zur Bundesrepublik Deutschland die Politiker, die maßgeblich die politische Einheit Deutschlands gestalteten, tatsächlich gemäß ihrem verfassungsrechtlichen Auftrag handelten, die von den kommunistischen Machthabern in der sowjetisch besetzten Zone Deutschlands zwischen 1945 und 1949 geschaffenen Verhältnisse nach Kriterien der Rechtsstaatlichkeit zu korrigieren und Maßnahmen zur Wiedergutmachung alten Unrechts einzuleiten und umzusetzen.[5] Gegenstand ihrer Untersuchung sind allein die auf besatzungsrechtlicher und besatzungshoheitlicher Grundlage durchgeführten Enteignungen (1945 - 1949),[6] nicht die spä-

---

[1] Mit dieser Arbeit wurde Frau CONSTANZE PAFFRATH im Juli 2003 von der Universität Duisburg-Essen mit der Note „summa cum laude" promoviert. Veröffentlicht wurde die Arbeit unter dem Titel „Macht und Eigentum. Die Enteignungen 1945 - 1949 im Prozess der deutschen Wiedervereinigung".

[2] Siehe bspw. die Artikel „Das deutsche Watergate" von KRAUSE, KLAUS PETER (FAZ v. 29.09.2003), „Die doppelte Enteignung des Ostens" von MÖLLER, JOHANN MICHAEL (Die Welt v. 02.10.2003), „Ansprüche zweiter Klasse" von V. DER OSTEN, ERIMAR (FAZ v. 13.10.2003), „Verantwortung" von KAMMESHEIDT, HARTWIG (FAZ v. 15.10.2003), „Herzog und de Maizière" von WENDENBURG, ALBRECHT (FAZ v. 17.10.2003), „Wahltaktische Überlegungen" von V. ARNIM, HANS HERBERT (FAZ v. 21.10.2003), „Öffentliche Richtigstellung" von FÜRST ZU CASTELL-CASTELL, ALBRECHT und „Vier-Mächte-Empfehlung" von DIECKMANN, FRIEDRICH (beide FAZ v. 22.10.2003); „Am Anfang der Einheit stand die Lüge" von NAUMANN, MICHAEL (DIE ZEIT 6/2004).

[3] BVerfGE 84, 90 ff. – Bodenreformurteil I; 94, 12 ff. – Bodenreformurteil II.

[4] Siehe PAFFRATH, Macht und Eigentum, S. 375.

[5] Siehe PAFFRATH, Macht und Eigentum, S. 5.

[6] Nach den Erläuterungen der Bundesregierung zum Gesetz zur Regelung offener Vermögensfragen (BT-Drucks. 11/7831, S. 3) handelt es sich bei den sogenannten Enteignungen auf

teren, nach Gründung der DDR am 7. Oktober 1949 durchgeführten eigentumsrelevanten Maßnahmen. Für die zwischen 1945 und 1949 erfolgten Enteignungen schrieben die Regierungen der Bundesrepublik Deutschland und der Deutschen Demokratischen Republik im Laufe ihrer Verhandlungen zur Klärung von Eigentums- und Vermögensfragen in einer Gemeinsamen Erklärung über offene Vermögensfragen vom 15. Juni 1990 fest, dass diese von einer Rückgabe auszuschließen sind.[7] Wörtlich heißt es unter Nr. 1 S. 1:

„Die Enteignungen auf besatzungsrechtlicher bzw. besatzungshoheitlicher Grundlage (1945 bis 1949) sind nicht mehr rückgängig zu machen."

und weiter:

„Die Regierungen der Sowjetunion und der Deutschen Demokratischen Republik sehen keine Möglichkeit, die damals getroffenen Maßnahmen zu revidieren. Die Regierung der Bundesrepublik Deutschland nimmt dies im Hinblick auf die historische Entwicklung zur Kenntnis. Sie ist der Auffassung, dass einem künftigen gesamtdeutschen Parlament eine abschließende Entscheidung über etwaige staatliche Ausgleichsleistungen vorbehalten bleiben muss."

Diese zunächst als bloße politische Absichtserklärung formulierten „Eckwerte" wurden später ausdrücklicher Bestandteil des Einigungsvertrages (EV) vom 31.08.1990 (Art. 41 Abs. 1 EV i.V.m. Anlage III).[8] Mit Absatz 3 des gemäß Art.

---

besatzungsrechtlicher und besatzungshoheitlicher Grundlage im Wesentlichen um die entschädigungslosen Enteignungen im Bereich der Industrie zugunsten der Länder der ehemaligen sowjetisch besetzten Zone oder im Rahmen sowjetischer Reparationsmaßnahmen sowie um Enteignungen im Bereich der Landwirtschaft im Rahmen der sogenannten demokratischen Bodenreform. Dabei wird der Rechtscharakter als „besatzungsrechtlich" bzw. „besatzungshoheitlich" in den Erläuterungen danach unterschieden, ob sie in formeller Hinsicht auf entsprechenden Befehlen bzw. Anordnungen der sowjetischen Militäradministration oder auf Rechts- bzw. Hoheitsakten der Länder der ehemaligen sowjetischen Besatzungszone und kommunaler Stellen des sowjetischen Sektors von Berlin beruhten.

[7] Abgedruckt und kommentiert ist die Gemeinsame Erklärung etwa bei STERN/SCHMIDT-BLEIBTREU, Verträge und Rechtsakte zur Deutschen Einheit, Bd. 2, S. 823 ff.

[8] Siehe BGBl. II, S. 889 ff. Wörtlich heißt es in Art. 41 Abs. 1 EV: „Die von der Regierung der Bundesrepublik Deutschland und der Regierung der Deutschen Demokratischen Republik abgegebene Gemeinsame Erklärung vom 15. Juni 1990 zur Regelung offener Vermögensfragen (Anlage III) ist Bestandteil dieses Vertrages." Gleichzeitig verpflichtete sich die Bundes-

Der Gutachtenauftrag

4 Nr. 5 EV in das Grundgesetz eingefügten Art. 143 GG, wonach Art. 41 EV und Regelungen zu seiner Durchführung auch insoweit Bestand haben, als sie vorsehen, dass Eingriffe in das Eigentum auf dem Beitrittsgebiet nicht mehr rückgängig gemacht werden, wurde der sogenannte Restitutionsausschluss für die in Nr. 1 S. 1 der Gemeinsamen Erklärung bezeichneten Enteignungen verfassungsrechtlich für bestandskräftig erklärt.[9]

Die Frage nach den Bedingungen und Ursachen für diese im Einigungsvertrag niedergelegten und später durch Art. 143 Abs. 3 GG verfassungsrechtlich sanktionierten Eigentumsregelungen bestimmt die Untersuchung von Frau PAFFRATHS Arbeit. Sie geht den sich aufdrängenden Zweifeln nach, ob es denn tatsächlich so war, wie die verantwortlichen Politiker und Beamten der damaligen Bundesregierung zum Zustandekommen des „Restitutionsausschlusses" vor dem Bundesverfassungsgericht vortrugen: Dass bei den Verhandlungen über den Einigungsvertrag und bei den Zwei-plus-Vier-Verhandlungen der Ausschluss der Restitution sowohl von der Deutschen Demokratischen Republik als auch von der Sowjetunion zur Vorbedingung gemacht worden ist, ohne dessen Festschreibung die Einheit Deutschlands nicht hätte verwirklicht werden können.[10] Dies verneint Frau PAFFRATH und führt als Ergebnis u.a. folgende Thesen am Ende ihrer Untersuchung an:[11]

- Eine Forderung seitens der Sowjetunion wurde an keinem Verhandlungstag und auf keiner Verhandlungsebene erhoben.

---

republik Deutschland, keine Rechtsvorschriften zu erlassen, die der Gemeinsamen Erklärung widersprechen (Art. 41 Abs. 3 EV).

[9] Art. 143 Abs. 3 GG lautet nunmehr: „Unabhängig von Absatz 1 und 2 haben Artikel 41 des Einigungsvertrags und Regelungen zu seiner Durchführung auch insoweit Bestand, als sie vorsehen, dass Eingriffe in das Eigentum auf dem in Artikel 3 dieses Vertrags genannten Gebiet [dem Beitrittsgebiet] nicht mehr rückgängig gemacht werden."

Um den in Art. 41 EV i.V.m. der Gemeinsamen Erklärung normierten Regelungskomplex gegen verfassungsrechtliche Einwände „abzuschirmen" (so HERDEGEN, MATTHIAS, Die Verfassungsänderungen im Einigungsvertrag, 1991, S. 17 f.), wurde durch Art. 4 Nr. 4 EV als „beitrittsbedingte Änderung des Grundgesetzes" ferner in Art. 135 a GG ein Absatz 2 eingefügt. Dieser ermächtigt den Gesetzgeber, von der Erfüllung etwaiger Verbindlichkeiten, soweit sie im Zusammenhang mit Vermögensübergängen seitens der DDR stehen oder auf Maßnahmen der DDR oder ihrer Rechtsträger beruhen, und damit abweichend von Art. 14 Abs. 3 GG auch von Enteignungsentschädigungen abzusehen.

[10] BVerfGE 84, 90 (109 ff., 127 f.).

[11] Siehe PAFFRATH, Macht und Eigentum, S. 375 ff.

- Die während der Zeit der Verhandlungen zur deutschen Einheit maßgeblichen Vertreter der Bundesrepublik haben mit dem behaupteten Rückgabeverbot die Öffentlichkeit und den Bundesgesetzgeber absichtlich und wider besseres Wissen getäuscht. Schon vor Beginn der offiziellen internationalen Verhandlungen hatte die Bundesregierung das Rückgabeverbot selbst geplant. Zu einer Fehleinschätzung der Verhandlungslage durch die Bundesregierung konnte es daher nicht kommen.

- Die Verhandlungsstrategie der Bundesrepublik bestand in Wahrheit darin, den eigentumsrechtlichen Forderungen der DDR nichts entgegenzusetzen und, ihrem Verfassungsauftrag widersprechend, nicht zu verhandeln, wo dies geboten gewesen wäre.

Mit dem Ergebnis, dass es die von der Bundesregierung vorgetäuschte Zwangslage – Wiedervereinigung nur mit Rückgabeverbot, ansonsten keine Wiedervereinigung – nicht gegeben, die Bundesregierung vielmehr selbst das Rückgabeverbot betrieben habe, erschüttert Frau PAFFRATH den Aussagegehalt der Vertreter der Bundesregierung vor dem Bundesverfassungsgericht und die von der Bundesregierung vorgenommene und bis heute aufrechterhaltene, vom Bundesverfassungsgericht als „pflichtgemäß" beurteilte Einschätzung, sowohl die Sowjetunion als auch die DDR hätten ihre Zustimmung zur Wiedervereinigung von der Unumkehrbarkeit der besatzungsrechtlichen und besatzungshoheitlichen Enteignungen abhängig gemacht. Damit, so hält sie fest, beruhen beide Bodenreformurteile des Bundesverfassungsgerichts, die unterstellen, dass die Bundesrepublik bei ihren Verhandlungen mit der Sowjetunion und der Deutschen Demokratischen Republik pflichtgemäß gehandelt hat, auf falschen Tatsachenvoraussetzungen und führen deshalb zu falschen Konsequenzen.[12]

Ausgehend von Frau PAFFRATHS kritischer Bewertung der Urteilsfindung auf Basis ihrer historischen Forschungsleistungen ergab sich für den Auftraggeber des Gutachtens die Frage, ob und inwieweit die Dissertation von Frau PAFFRATH eine juristische Neubewertung der Rechtslage erforderlich macht. Im Blickpunkt steht dabei die Frage nach der „Bestandskraft" der beiden Bodenreformurteile des Bundesverfassungsgerichts aus den Jahren 1991 und 1996 und der Bewertung der „neuen" materiellen Rechtslage, die sich aus dem Ergebnis der Paffrath-Arbeit ergibt. Zu diesem Zweck wurde den Verfassern des Gutachtens die Dissertation von Frau PAFFRATH bereits vor deren Veröffentlichung zur Verfügung gestellt – ihr „Tatbestand" ist Grundlage der folgenden Untersuchung.

---

[12] Siehe PAFFRATH, Macht und Eigentum, S. 375.

B. Die Bodenreformurteile des Bundesverfassungsgerichts

Gegen die im Einigungsvertrag erfolgte Festschreibung, dass „Enteignungen auf besatzungsrechtlicher oder besatzungshoheitlicher Grundlage (1945 bis 1949)" nicht mehr rückgängig gemacht werden, wurden beim Bundesverfassungsgericht zahlreiche Verfassungsbeschwerden erhoben. Die Beschwerdeführer machten im Wesentlichen geltend, dass Art. 41 Abs. 1 und Abs. 3 EV[13] gegen Art. 79 Abs. 3 GG und in diesem Rahmen gegen Art. 1, 3, 14 und 20 GG verstoße. Das Bundesverfassungsgericht hat durch seine umstrittenen Urteile vom 23. April 1991[14] und 18. April 1996[15] die jeweiligen Verfassungsbeschwerden zurückgewiesen.

1. Das Bodenreformurteil I

a) Sachverhalt

Nachdem mit Beschluss vom 11. Dezember 1990 bereits ein Antrag der Beschwerdeführer auf Erlass einer einstweiligen Anordnung abgelehnt worden war,[16] bestätigte das Bundesverfassungsgericht in seinem Urteil vom 23. April 1991 die Verfassungsmäßigkeit der das Eigentum betreffenden Regelungen des Einigungsvertrages. So lautet der erste Leitsatz des Urteils: „Art. 143 Abs. 3 GG in der Fassung des Art. 4 Nr. 5 des Einigungsvertrages ist mit Art. 79 Abs. 3 GG vereinbar."

Die Verfassungsbeschwerden griffen in concreto das Zustimmungsgesetz vom 23. September 1990 zum Einigungsvertrag (Einigungsvertragsgesetz)[17] an.[18] Sinngemäß beantragten die Beschwerdeführer, deren Verfassungsbe-

---

[13] In Abs. 3 des Einigungsvertrages hat sich die Bundesrepublik Deutschland verpflichtet, keine Rechtsvorschriften zu erlassen, die der Gemeinsamen Erklärung widersprechen.
[14] BVerfGE 84, 90 ff. – Bodenreformurteil I.
[15] BVerfGE 94, 12 ff. – Bodenreformurteil II.
[16] BVerfGE 83, 162 ff.
[17] BGBl. II, S. 885.
[18] Dass Verfassungsbeschwerden gegen das Zustimmungsgesetz zulässig sind, hat das Bundesverfassungsgericht ausdrücklich festgestellt (BVerfGE 84, 90 (113). Da es jedoch in

schwerde nicht schon mangels hinreichenden Nachweises ihrer Betroffenheit vom Bundesverfassungsgericht zurückgewiesen wurde, Art. 1 des Einigungsvertragsgesetzes für verfassungswidrig zu erklären, soweit danach der im Einigungsvertrag enthaltenen Regelung zugestimmt worden ist, dass Enteignungen auf besatzungsrechtlicher und besatzungshoheitlicher Grundlage auf dem Gebiet der Länder Brandenburg, Mecklenburg-Vorpommern, Sachsen, Sachsen-Anhalt und Thüringen sowie in dem Teil des Landes Berlin, in dem das Grundgesetz bisher nicht galt, nicht mehr rückgängig zu machen sind.[19] Die entsprechende in Art. 41 Abs. 1 EV i.V.m. Nr. 1 S.1 der Gemeinsamen Erklärung (Anlage III des Einigungsvertrages) enthaltene Regelung hat das Bundesverfassungsgericht dahingehend beurteilt, dass sie keine Grundrechtsverletzung enthält. Dabei stellt das Gericht entscheidend auf den durch Art. 4 Nr. 5 EV in das Grundgesetz eingefügten Absatz 3 des Art. 143 GG ab, durch den Art. 41 Abs. 1 EV i.V.m. Nr. 1 S. 1 der Gemeinsamen Erklärung ausdrücklich für verfassungsrechtlich bestandskräftig erklärt wurde. Folglich könnte, wie es das Bundesverfassungsgericht ausführt, Art. 41 Abs. 1 EV i.V.m. Nr. 1 S. 1 der Gemeinsamen Erklärung „nur dann gegen die Verfassung – und damit auch gegen die als verletzt gerügten Grundrechte – verstoßen, wenn Art. 143 Abs. 3 GG seinerseits nichtig wäre".[20] Dies verneinte das Bundesverfassungsgericht im Ergebnis.

b)   Formelle Verfassungsmäßigkeit des Art. 143 Abs. 3 GG

Bevor es in seiner Entscheidung eine materiell-rechtliche Würdigung vornimmt, tritt das Bundesverfassungsgericht zunächst den Bedenken gegen die verfassungsrechtliche Zulässigkeit des von der Bundesregierung gewählten Verfahrens entgegen, beitrittsbedingte Grundgesetzänderungen im Einigungsvertrag zu vereinbaren (vgl. Art. 4 Nr. 1 bis 6 EV) und damit die parlamentarische Entscheidungsfreiheit insoweit einzuschränken, als der Bundestag hierüber nur im Rahmen einer bloßen Zustimmung gem. Art. 59 Abs. 2 GG befinden konnte.

---

seiner früheren Rechtsprechung festgehalten hatte, dass die DDR im Verhältnis zur Bundesrepublik Deutschland nicht als Ausland anzusehen ist, musste das Bundesverfassungsgericht über die grundsätzliche Zulässigkeit von Verfassungsbeschwerden gegen Zustimmungsgesetze zu völkerrechtlichen Verträgen (Art. 59 Abs. 1 GG) hinaus hinzufügen: „Gleiches [gemeint ist die Zulässigkeit von Verfassungsbeschwerden gegen Zustimmungsgesetze (Art. 59 Abs. 2 GG) zu völkerrechtlichen Verträgen] gilt für Zustimmungsgesetze zu Verträgen zwischen der Bundesrepublik Deutschland und der Deutschen Demokratischen Republik, auch wenn diese nach dem Recht des Grundgesetzes nicht Ausland war (vgl. BVerfGE 36, 1 [13, 17, 23])."

[19] BVerfGE 84, 90 (103 f.).
[20] BVerfGE 84, 90 (117 f.).

Das Bundesverfassungsgericht sieht die Rechtsgrundlage für dieses Verfahren im ehemaligen Art. 23 S. 2 GG i.V.m. dem Wiedervereinigungsgebot des Grundgesetzes.[21] Es führt hierzu aus, dass „das Zustandekommen des Einigungsvertrages ... unter den gegebenen Umständen die Voraussetzung dafür (bildete), dass die Chance der Herstellung der staatlichen Einheit Deutschlands genutzt werden konnte. Die Kompetenz der Bundesregierung, einen solchen Vertrag auszuhandeln und darin auch beitrittsbezogene Änderungen des Grundgesetzes aufzunehmen, die sich nach ihrer pflichtgemäßen Einschätzung aufgrund des Verlaufs der Verhandlungen mit der Deutschen Demokratischen Republik und der Sowjetunion als hierzu notwendig erwiesen, folgt aus ihrer verfassungsrechtlichen Verpflichtung, auf die Wiederherstellung der Einheit Deutschlands hinzuwirken".[22] Die gegen ein kompetenz- und verfahrensrechtlich wirksames Zustandekommen des Art. 143 Abs. 3 GG vorgebrachten Einwände hält das Bundesverfassungsgericht für nicht stichhaltig und bestätigt damit die Verfassungsmäßigkeit des Art. 143 Abs. 3 GG in formeller Hinsicht.

Mit umfangreicher Begründung weist das Bundesverfassungsgericht auch materiell-rechtliche Bedenken zurück.

c) Materielle Verfassungsmäßigkeit des Art. 143 Abs. 3 GG

(1) Prüfungsmaßstab

Seine materiell-rechtliche Prüfung nimmt das Bundesverfassungsgericht ausschließlich am Maßstab des Art. 79 Abs. 3 GG vor. Dabei kommt es zu dem Ergebnis, dass es „nicht gegen die dargelegten Schranken des Art. 79 Abs. 3 GG (verstößt), dass der verfassungsändernde Gesetzgeber die Regelung der Enteignungen für verfassungsrechtlich bestandskräftig erklärt hat".[23]

---

[21] Hiervon ging es auch schon in seinem Beschluss vom 18. September 1990 (BVerfGE 82, 316 (320)) aus – dort allerdings im Rahmen eines Organstreits und bezogen auf die Mitwirkungsrechte der klagenden Abgeordneten – und urteilte im zweiten Leitsatz, dass „das von der Bundesregierung eingeschlagene Verfahren, 'beitrittsbedingte Änderungen des Grundgesetzes' im Einigungsvertrag zu vereinbaren mit der Folge, dass der Bundestag hierüber nur in der Form eines Zustimmungsgesetzes nach Art. 59 Abs. 2 GG befinden kann, ... seine verfassungsrechtliche Grundlage in Art. 23 Satz 2 GG in Verbindung mit dem Wiedervereinigungsgebot des Grundgesetzes (hat)".

[22] BVerfGE 84, 90 (118); hierzu und zu dem von der Bundesregierung eingeschlagenen Verfahren vgl. etwa MAURER, JZ 1992, 183 ff.; BADURA, DVBl. 1990, 1256 ff.

[23] BVerfGE 84, 90 (121 f.).

Art. 79 Abs. 3 GG verbietet Verfassungsänderungen, durch welche die in den Artikeln 1 und 20 GG niedergelegten Grundsätze berührt werden. Zu diesen Grundsätzen gehört nicht nur der Menschenwürdegehalt nach Art. 1 Abs. 1 GG. Schon in seiner Entscheidung vom 7. Juli 1970[24] hat das Bundesverfassungsgericht ausgeführt, dass in Art. 1 GG mehrere Grundsätze niedergelegt sind.[25] In seiner Bodenreformentscheidung verweist es insoweit nicht nur auf das in Art. 1 Abs. 2 GG enthaltene Bekenntnis zu unverletzlichen und unveräußerlichen Menschenrechten als Grundlage jeder menschlichen Gesellschaft, sondern auch auf die Grundrechte, „deren Verbürgungen insoweit einer Einschränkung grundsätzlich entzogen (sind), als sie zur Aufrechterhaltung einer dem Art. 1 Abs. 1 und 2 GG entsprechenden Ordnung unverzichtbar sind."[26] In dem so bezeichneten Menschenrechtskern sieht das Bundesverfassungsgericht im Folgenden „grundlegende Gerechtigkeitspostulate" und zählt hierzu neben dem Grundsatz der Rechtsgleichheit und dem Willkürverbot auch den „Kernbereich" der Eigentumsgarantie, der allerdings, wie es später ausführt, eine Wiedergutmachung in Form der Naturalrestitution nicht umfasse.[27] Als weitere Grundsätze anhand derer das Bundesverfassungsgericht eine Überprüfungsmöglichkeit der Verfassungsänderung sieht, nennt es die zu achtenden grundlegenden Elemente des Rechts- und Sozialstaatsprinzips, die in Art. 20 Abs. 1 und 3 GG zum Ausdruck kommen.[28] Da Art. 79 Abs. 3 GG nur verbietet, dass die niedergelegten Grundsätze nicht berührt werden, hält das Bundesverfassungsgericht ausdrücklich fest, dass Art. 79 Abs. 3 GG den verfassungsändernden Gesetzgeber nicht daran hindere, die geschützten Grundsätze „aus sachgerechten Gründen zu modifizieren".[29]

Auf Basis der so herausgearbeiteten Maßstäbe befasste sich das Bundesverfassungsgericht nunmehr mit der Frage, ob es denn zulässig war, die Enteignungen auf besatzungsrechtlicher bzw. besatzungshoheitlicher Grundlage (1945 bis 1949) nicht mehr rückgängig zu machen und die enteigneten Objekte nicht an die früheren Eigentümer oder deren Rechtsnachfolger zurückzugeben, d.h. sie

---

[24] BVerfGE 30, 1 (24).

[25] Vgl. zu den von Art. 79 Abs. 3 GG erfassten Grundrechtselementen auch BRYDE, in: v. Münch/Kunig, GG, Bd. 3, Art. 79 Rn. 33 ff.; HAIN, in: v. Mangoldt/Klein/Starck, GG, Bd. 3, Art. 79 Abs. 3 Rn. 59 ff.; LÜCKE, in: Sachs, GG, Art. 79 Rn. 30 ff.

[26] BVerfGE 83, 90 (121).

[27] BVerfGE 84, 90 (121, 126 f.); vgl. auch RUBEL, in: Umbach/Clemens, GG, Bd. II, Art. 79 Rn. 41.

[28] BVerfGE 84, 90 (121).

[29] BVerfGE 84, 90 (121) mit Verweis auf BVerfGE 30, 1 (24).

nicht in natura zu befriedigen. Bei seiner Prüfung hat sich das Bundesverfassungsgericht von folgenden Erwägungen leiten lassen:

(2) Die Frage nach der Eigentumsposition

Nach Ansicht des Bundesverfassungsgerichts bestand zum Zeitpunkt der Einfügung des Art. 143 Abs. 3 in das Grundgesetz keine Rechtsposition der Betroffenen mehr, in die der bundesdeutsche Gesetzgeber mit der Anerkennung der Enteignungen hätte eingreifen können.[30] Nach dem Vollzug der Enteignungsmaßnahmen sei den Betroffenen weder nach der Rechtslage im Gebiet der früheren sowjetisch besetzten Zone und späteren DDR noch nach deutschem internationalem Enteignungsrecht eine Eigentumsposition verblieben.

Zur Rechtslage im Gebiet der sowjetischen Besatzungszone und späteren DDR führt das Bundesverfassungsgericht aus, dass die Enteignungen darauf gerichtet gewesen seien, den Eigentümern ihre Rechtsposition vollständig und endgültig zu entziehen. Die normativen Grundlagen der Enteignungen seien sowohl von der Besatzungsmacht als auch von der deutschen Staatsgewalt in der sowjetisch besetzten Zone und in der späteren DDR in vollem Umfang als rechtmäßig angesehen und die Enteignungen demzufolge als rechtswirksam behandelt worden.[31] Auch könnten die Enteignungen nicht dem Verantwortungsbereich der Bundesrepublik Deutschland zugerechnet werden. Ihre Staatsgewalt habe sich nicht nur tatsächlich, sondern auch staatsrechtlich auf das damalige Gebiet der Bundesrepublik beschränkt. Dies folge aus Art. 23 S. 1 a.F. GG. Eine Verantwortlichkeit der Bundesrepublik Deutschland im Sinne eines Einstehenmüssens für etwaige aus ihrer Sicht rechts- oder verfassungswidrigen Maßnahmen in der sowjetisch besetzten Zone habe danach ebenso wenig bestanden wie etwa gegenüber Maßnahmen ausländischer Staatsgewalten.[32] Im Übrigen verweist das Bundesverfassungsgericht darauf, dass eine Prüfung der Enteignungsmaßnahmen am Maßstab des Grundgesetzes größtenteils schon deshalb

---

[30] BVerfGE 84, 90 (122 ff.).

[31] BVerfGE 84, 90 (122).

[32] BVerfGE 84, 90 (122 f.) unter Hinweis auf BVerfGE 43, 203 (209); zustimmend etwa: BADURA, DVBl. 1990, 1256 (1261); OSSENBÜHL, in: HStR IX, § 212 Rn. 60; PAPIER, in: HStR IX, § 213 Rn. 38; DERS., NJW 1991, 193 (195); V. CAMPENHAUSEN, in: v. Mangoldt/Klein/ders., GG, Bd. 14, Art. 143 Rn. 40.

ausscheide, weil es zum Zeitpunkt dieser Maßnahmen noch gar nicht in Kraft gewesen sei.[33]

Schließlich bejaht das Bundesverfassungsgericht auch die Frage, ob die Bundesrepublik die zwischen 1945 und 1949 durchgeführten „Konfiskationen" als verbindlich anzuerkennen hat.[34] Nach deutschem internationalen Enteignungsrecht würden die Enteignungen eines fremden Staates einschließlich der entschädigungslosen „Konfiskationen" grundsätzlich als wirksam angesehen, soweit dieser Staat innerhalb der Grenzen seiner Macht geblieben sei – dies sei von Verfassungs wegen nicht zu beanstanden.[35] Damit stützt sich das Bundesverfassungsgericht auf die Geltung des völkerrechtlichen Territorialitätsprinzips, wonach Enteignungen durch einen Staat Rechtswirkungen innerhalb des Hoheitsgebiets dieses fremden Staats entfalten und dasjenige Vermögen erfassen, das zum Zeitpunkt der Enteignung der Gebietshoheit des enteignenden Staates unterlag.[36] Als Grenze der Hinnahme fremder Enteignungen sieht das Bundesverfassungsgericht nur den nationalen ordre-public-Vorbehalt (Art. 6 EGBGB), dessen Anwendung es jedoch im vorliegenden Fall mit dem Hinweis auf eine fehlende Inlandsbeziehung verneint.[37]

Mit diesen Ausführungen stellte das Bundesverfassungsgericht abschließend fest, dass die Bundesrepublik mit der Festschreibung der Enteignungen keinen zur Rückgabe der enteigneten Objekte verpflichtenden Eingriff in fortbestehende Eigentumspositionen begangen hatte.

---

[33] BVerfGE 84, 90 (123); so auch PAPIER, NJW 1997, 2841 (2845); DERS., in: HStR IX, § 213 Rn. 38.

[34] BVerfGE 84, 90 (123 ff.); gegen diese Feststellung vgl. KLEIN, in: Festschrift Carl Heymanns Verlag, S. 91 (95 ff.).

[35] BVerfGE 84, 90 (123), zugleich Leitsatz drei des Urteils.

[36] Vgl. insoweit die Rechtsprechungsübersicht bei KEGEL/SEIDL-HOHENVELDERN, in: Festschrift Ferid, S. 233 (252 ff.).

[37] BVerfGE 84, 90 (123 f.); zu Recht stellt WENDT, in: Sachs, GG, Art. 143 Rn. 29 Fn. 48 die Frage, wie das Bundesverfassungsgericht die für die Anwendung des ordre-public-Vorbehalts zu fordernde Inlandsbeziehung verneinen kann, angesichts des nicht zuletzt in der Präambel des Grundgesetzes und der Rechtsüberzeugung vom Fortbestand des deutschen Staates zum Ausdruck kommenden Anspruchs, den die Bundesrepublik Deutschland von Anfang an hinsichtlich ihrer Verantwortung für Deutschland und die Deutschen erhoben hat. Ablehnend gegenüber der Anwendung des ordre-public-Vorbehalts etwa KIMMINICH, in: Stern, Deutsche Wiedervereinigung, Bd. I, S. 3, 11 f.; MAUNZ, JZ 1992, 183, 188.

(3) Völkerrechtliche Aspekte

Auf mögliche völkerrechtliche Ansprüche geht das Bundesverfassungsgericht mit äußerst knapper Bemerkung und geradezu nur beiläufig ein. Ob nach völkerrechtlichen Grundsätzen Ansprüche der einzelnen Betroffenen gegen die Besatzungsmacht in Betracht kämen und inwieweit sie sich gegebenenfalls auf Rückgabe richten könnten, bedürfe keiner Entscheidung. Derartige Ansprüche könnten schon deshalb außer Betracht bleiben, weil sie jedenfalls nicht durchsetzbar und damit praktisch wertlos gewesen wären.[38] Mit dem Hinweis darauf, dass auch ohne Art. 143 Abs. 3 GG der Gesetzgeber daher zur Herbeiführung der staatlichen Einheit Deutschlands, die ein verfassungsrechtliches Ziel und Gebot von hohem Rang darstellte, einem Ausschluss derartiger Ansprüche hätte zustimmen dürfen, schließt das Bundesverfassungsgericht seine völkerrechtlichen Bewertungen kurzerhand ab.[39]

(4) Elemente des Sozial- und Rechtsstaatsprinzips

Einen Verstoß des verfassungsrechtlich abgesicherten Ausschlusses der Naturalrestitution gegen Art. 79 Abs. 3 GG sieht das Bundesverfassungsgericht auch „unter dem Gesichtspunkt des nachträglichen Ausgleichs früheren Unrechts" nicht.[40] Dabei greift es zunächst auf seine Rechtsprechung zum Kriegsfolgenrecht zurück, in deren Zusammenhang es wiederholt entschieden hat, dass der Gesetzgeber der Bundesrepublik zwar nach dem Maßstab des Grundgesetzes,

---

[38] BVerfGE 84, 90 (124 f.); vgl. auch EKMR, Grundstücksenteignungen durch sowjetische Besatzungsmacht, NJW 1996, 2291 ff.; zustimmend: STEINBERG, JZ 1991, 1 (4); MAURER, JZ 1992, 183 (188); kritisch: KIMMINICH, in: Festschrift Carl Heymanns Verlag, S. 75 (81); SCHWEISFURTH, VIZ 2000, 505 (506 ff.) mit einer völkerrechtlichen Beurteilung der Konfiskationen und der Rechtspositionen der Betroffenen; ders., SBZ-Konfiskationen privaten Eigentums 1945 bis 1949; WENDT, in: Stern, Deutsche Wiedervereinigung, Bd. II/1, S. 32 f., der darauf hinweist, dass die sowjetische Besatzungsmacht unter der Voraussetzung, dass sie nach Völkerrecht (z.B. Art. 46 Haager Landkriegsordnung) zu derart tiefgreifenden Eingriffen in die innere Ordnung des besetzten Landes wie den bis 1949 erfolgten Konfiskationen und Enteignungen nicht berechtigt war, zu Restitution oder Entschädigung verpflichtet war; über die Eigentumsqualität kann man sich nicht kurzerhand mit der Begründung hinwegsetzen, entsprechende Ansprüche seien nicht (mehr) durchsetzbar und damit praktisch wertlos.

[39] BVerfGE 84, 90 (125); zu Recht weist KIMMINICH, in: Festschrift Carl Heymanns Verlag, S. 75 (81), darauf hin, dass die Bezugnahme auf diesen bereits im Urteil vom 13. Januar 1976 (BVerfGE 41, 126 (166 ff.)) aufgestellten Grundsatz praktisch alles der verfassungsrechtlichen und verfassungsgerichtlichen Nachprüfung entzieht.

[40] BVerfGE 84, 90 (125).

vor allem des Sozialstaatsprinzips, verpflichtet sei, insoweit einen innerstaatlichen Lastenausgleich vorzusehen. „Er muss jedoch für Kriegsfolgeschäden nicht in gleicher Weise einstehen, wie wenn diese von den Staatsorganen der Bundesrepublik verursacht worden wären."[41] Hierbei stellt das Bundesverfassungsgericht den zu gewährenden Lastenausgleich unter den Vorbehalt der finanziellen Leistungsfähigkeit des Staates.[42] Der dem Grundgesetz verpflichtete Gesetzgeber könne sich zwar veranlasst sehen, nach der Übernahme der Staatsgewalt von einem auf andere Ordnungsvorstellungen gegründeten politischen System dessen frühere Maßnahmen, die sich nach rechtsstaatlichen Maßstäben als nicht hinnehmbar erweisen, durch eine über den allgemeinen Lastenausgleich hinausgehende Wiedergutmachung auszugleichen.[43] Art. 79 Abs. 3 GG geböte dabei aber nicht zwingend die Rückgabe der enteigneten Objekte in Natur. Insofern führt das Bundesverfassungsgericht dezidiert aus, dass eine Wiedergutmachung früheren Unrechts ihre Wurzeln ausschließlich im Rechts- und Sozialstaatsprinzip haben könne. Die durch Art. 79 Abs. 3 GG garantieren Grundelemente des Rechts- und Sozialstaatsprinzips würden jedoch nicht verletzt, wenn die in Frage stehenden Enteignungen nicht im Wege der Naturalrestitution bereinigt würden.[44] Aus der in Art. 79 Abs. 3 GG in ihren Kernelementen verbürgten Eigentumsgarantie würde insofern nichts anderes folgen. Selbst wenn die Eigentumsgarantie berührt sei, würde sie keine Wiedergutmachung in Form der Rückgabe erfordern.[45] Die Wiedergutmachung sei eben nicht Ausfluss einzelner Grundrechte, und damit auch nicht des Eigentumsgrundrechts, sondern sei allein im Rechts- und Sozialstaatsprinzip verankert.[46]

Dass allerdings eine Rückgabe nicht schlechthin ausgeschlossen ist, stellt das Bundesverfassungsgericht ausdrücklich klar. So weist es darauf hin, dass die angegriffene Regelung es nicht ausschließe, den früheren Eigentümern im Rahmen der Ausgleichsregelung der Nr. 1 S. 4 der Gemeinsamen Erklärung[47] „auch

---

[41] BVerfGE 84, 90 (125).
[42] BVerfGE 84, 90 (125); zuletzt auch BVerfG, Urteil v. 22.11.2000, VIZ 2001, 16 (18).
[43] BVerfGE 84, 90 (126).
[44] BVerfGE 84, 90 (126); zustimmend insoweit auch OSSENBÜHL, in: HStR IX, § 213 Rn. 76, 78; PAPIER, in: HStR IX, § 213 Rn. 39 f.; WASMUTH, VIZ 1996, 361 (363).
[45] BVerfGE 84, 90 (126 f.) mit Hinweis auf PAPIER, NJW 1991, 193 (197).
[46] BVerfGE 84, 90 (126 f.); siehe hierzu auch WIELAND, in: Dreier, GG, Bd. III, Art. 143 Rn. 27 m.w.N.
[47] Wörtlich lautet die Regelung: „Sie [gemeint ist die Regierung der Bundesrepublik Deutschland] ist der Auffassung, dass einem künftigen gesamtdeutschen Parlament eine ab-

die Möglichkeit eines Rückerwerbs ihres ehemaligen Eigentums" einzuräumen, „soweit dies im Einzelfall möglich und von der Interessenlage her angezeigt ist".[48]

(5) Grundelemente des Gleichheitssatzes

Nach Ansicht des Bundesverfassungsgerichts begegnet der Restitutionsausschluss bzgl. der zwischen 1945 und 1949 erfolgten Enteignungen auch insoweit keinen verfassungsrechtlichen Bedenken, als sich der Gesetzgeber bei den nicht unter Nr. 1 S. 1 der Gemeinsamen Erklärung fallenden Enteignungen im Grundsatz für eine Rückgabe der enteigneten Objekte ausgesprochen hat.[49] Diese Differenzierung zwischen den Enteignungen in der Zeit von 1945 bis 1949 und denjenigen nach 1949 sei im Hinblick auf die von Art. 79 Abs. 3 GG ebenfalls erfassten Grundelemente des Gleichheitssatzes „hinreichend dadurch gerechtfertigt, dass die Deutsche Demokratische Republik und die Sowjetunion auf der Einführung dieser Regelung bestanden hatten und die Bundesregierung nach ihrer pflichtgemäßen Einschätzung auf diese Bedingung eingehen musste, um die Einheit Deutschlands zu erreichen".[50] Die Einschätzung dessen, was nach der Verhandlungslage erreichbar war, habe nach Ansicht des Bundesverfassungsgerichts der eigenverantwortlichen, pflichtgemäßen Beurteilung der Bundesregierung unterlegen und entziehe sich der verfassungsgerichtlichen Nachprüfung.[51] Damit hat das Bundesverfassungsgericht im Ergebnis den – von außen herangetragenen – Tatsachenvortrag der Bundesregierung, dass bei den Verhandlungen über den Einigungsvertrag und bei den Zwei-plus-Vier-

---

schließende Entscheidung über etwaige staatliche Ausgleichsleistungen vorbehalten bleiben muss."

[48] BVerfGE 84, 90 (127); auf die Möglichkeit eines Rückerwerbs des ehemaligen Eigentums weist das Bundesverfassungsgericht auch noch einmal am Ende seiner Erörterung über die Notwendigkeit von Ausgleichsleistungen hin, siehe BVerfGE 84, 90 (131).

[49] Dieser in Art. 41 Abs. 1 EV i.V.m. Nr. 3 der Gemeinsamen Erklärung aufgestellte und in § 3 Abs. 1 des Gesetzes zur Regelung offener Vermögensfragen (VermG; BGBl. 1990 II, S. 1159) ausformulierte Grundsatz lautet dahingehend, dass die nicht unter die Regelung der Nr. 1 der Gemeinsamen Erklärung fallenden enteigneten Objekte zurückgegeben werden, soweit dies nicht von der Natur der Sache her unmöglich ist oder in der Zwischenzeit natürliche Personen in redlicher Weise das Eigentum oder dingliche Nutzungsrechte daran erworben haben.

[50] BVerfGE 84, 90 (127).

[51] BVerfGE 84, 90 (128); dabei knüpft das Gericht an seine frühere Rechtsprechung zur Einschätzungsprärogative der Exekutive im außenpolitischen Bereich an, vgl. BVerfGE 40, 141 (178) und BVerfGE 66, 39 (61).

Verhandlungen der Ausschluss der Restitution sowohl von der DDR als auch von der Sowjetunion zur Vorbedingung für die Verwirklichung der Einheit Deutschlands gemacht worden sei, und die Bundesregierung dies um der Wiedervereinigung willen habe akzeptieren müssen, zur Grundlage der Rechtfertigung der Ungleichbehandlung gemacht.

d) Ausgleichsleistungen

Bemerkenswert ist, dass das Bundesverfassungsgericht zwar eine Verletzung der Grundelemente des Gleichheitssatzes durch die unterschiedliche Behandlung der Enteignungen auf besatzungsrechtlicher und besatzungshoheitlicher Grundlage (1945 bis 1949) einerseits und der Enteignungen nach 1949 andererseits verneint, auf Art. 3 Abs. 1 GG dann aber doch noch bei der Frage der Notwendigkeit von Ausgleichsleistungen zurückkommt.

Obgleich das Bundesverfassungsgericht es ausdrücklich unentschieden gelassen hat, ob hinsichtlich der Enteignungen zwischen 1945 und 1949 eine verfassungsrechtliche Pflicht des Gesetzgebers besteht, eine Wiedergutmachung einzuführen,[52] sieht es den Gesetzgeber an den Gleichheitssatz gebunden und leitet hieraus eine Verpflichtung des Gesetzgebers ab, für die Enteignungen auf besatzungsrechtlicher und besatzungshoheitlicher Grundlage überhaupt eine Ausgleichsregelung zu schaffen.[53] Der Gesetzgeber dürfe „nicht jegliche Wiedergutmachung ausschließen".[54] Von der Bindung an den allgemeinen Gleichheitssatz könne auch nicht die durch Art. 4 Nr. 4 EV neu in das Grundgesetz eingefügte Regelung des Art. 135 a Abs. 2 GG[55] befreien.[56] Der Gesetzgeber habe für die späteren, nicht unter Nr. 1 S. 1 der Gemeinsamen Erklärung fallenden Enteignungen eine Wiedergutmachungsregelung getroffen, die vom Grundsatz der Rückgabe der enteigneten Objekte ausgehe. Dies könne auch für die Höhe der anstelle der Restitution zu gewährenden Entschädigung von Bedeutung sein.[57]

---

[52] BVerfGE 84, 90 (126) wo es wörtlich heißt: „Inwieweit für die hier in Frage stehenden Enteignungen eine verfassungsrechtliche Pflicht des Gesetzgebers besteht, eine Wiedergutmachung einzuführen, bedarf im vorliegenden Zusammenhang keiner Entscheidung".
[53] BVerfGE 84, 90 (128 f.).
[54] BVerfGE 84, 90 (129).
[55] Siehe hierzu bereits oben Fn. 9.
[56] BVerfGE 84, 90 (128 f.); vgl. auch BVerfG, VIZ 2001, 16 (19).
[57] BVerfGE 84, 90 (129).

Der so festgestellte Anspruchsinhalt wird gleich darauf vom Bundesverfassungsgericht dahingehend relativiert, dass sich bezüglich des Umfangs der Ausgleichsleistungen dem Grundgesetz ein Gebot voller Entschädigung nicht entnehmen lasse. Unter erneuter Anknüpfung an die Kriegsfolgeschäden-Rechtsprechung weist das Bundesverfassungsgericht darauf hin, dass der Gesetzgeber bei der Bemessung der Wiedergutmachungsleistungen im Rahmen des ihm ohnehin zustehenden Gestaltungsraums „das Gesamtvolumen der wiedergutzumachenden Schäden – zu denen nicht nur Schäden an Eigentum gehören –" berücksichtigen darf. Darüber hinaus dürfe der Gesetzgeber auch auf die Erfüllung der neuen Aufgaben Bedacht nehmen, die sich aus dem Wiederaufbau in den neuen Bundesländern ergeben.[58] Unter Hinweis auf die desolate wirtschaftliche Lage in den neuen Bundesländern stellte das Bundesverfassungsgericht fest, dass daher keine (originäre) verfassungsrechtliche Verpflichtung zu einer Wiedergutmachung bestehe, die wertmäßig einer Restitution gleichkäme. Im gleichen Atemzug allerdings schränkt das Bundesverfassungsgericht diesen – nicht unerheblichen – Gestaltungsspielraum des Gesetzgebers durch die Vorgabe ein, dass der Gesetzgeber bei der gesamten Wiedergutmachungsregelung Art. 3 Abs. 1 GG zu beachten habe.[59]

e) Hauptargumentation des Gerichts

Wie die Urteilsgründe zeigen, steht und fällt die Verfassungsmäßigkeit des Restitutionsausschlusses mit der „Tatsache", dass sowohl die DDR als auch die Sowjetunion auf der Einführung des Restitutionsausschlusses bestanden haben sollen und die Bundesregierung nach ihrer pflichtgemäßen Einschätzung auf diese Bedingung habe eingehen müssen, um die Einheit Deutschlands zu erreichen.[60] Die grundsätzlich gleichheitswidrige Behandlung der vor und der nach 1949 Enteigneten sieht das Bundesverfassungsgericht „hinreichend" durch die

---

[58] BVerfGE 84, 90 (130 f.).

[59] BVerfGE 84, 90 (131); siehe hierzu auch BVerfG, VIZ 2001, 16 (19, 20 ff.); gegen die etwa von SCHOLZ, in: Maunz/Dürig, GG, Bd. V, Art. 143 Rn. 26, 29, erhobene Kritik, dass mit den vom Bundesverfassungsgericht aufgestellten Maßstäben den Opfern der Enteignungsmaßnahmen aus der Zeit vor 1949 ein unzulässiges Sonderopfer aufgebürdet würde und dass die Ausgleichsleistung vielmehr den Wert substantieller Entschädigungsleistungen im Sinne von Art. 14 Abs. 3 GG erreichen müssten, wendet SCHWARZ, in: v. Mangoldt/Klein/Starck, GG, Bd. 3, Art. 143 Abs. 3 Rn. 61 ein, dass durch die Anknüpfung an den Gleichheitssatz das Bundesverfassungsgericht den Gesetzgeber auf das Gebot einer im Ganzen ausgewogenen Wiedergutmachungsregelung verpflichtet hat.

[60] BVerfGE 84, 90 (127).

wiedervereinigungspolitische Zwangslage der Bundesrepublik Deutschland gerechtfertigt. Dabei stützt das Bundesverfassungsgericht seine Argumentation auf das Vorbringen des damaligen Bundesministers DR. KLAUS KINKEL, des Ministerpräsidenten der seinerzeitigen DDR, LOTHAR DE MAIZIÈRE, und des damaligen Staatssekretärs DR. DIETER KASTRUP in der mündlichen Verhandlung. Deren Aussagen habe, so das Bundesverfassungsgericht, den Vortrag der Bundesregierung bestätigt, dass bei den Verhandlungen über den Einigungsvertrag und bei den Zwei-plus-Vier-Verhandlungen, ohne deren erfolgreichen Abschluss die Einheit Deutschlands nicht hätte verwirklicht werden können, der Ausschluss der Restitution sowohl von der Deutschen Demokratischen Republik als auch von der Sowjetunion „zur Vorbedingung" gemacht worden sei.[61]

Die Entscheidung des Bundesverfassungsgerichts, dass es für den Ausschluss der Restitution in Art. 41 Abs. 1 EV i.V.m. Nr. 1 S. 1 der Gemeinsamen Erklärung für die auf besatzungsrechtlicher oder besatzungshoheitlicher Grundlage (1945 bis 1949) erfolgten Enteignungen eine hinreichende Rechtfertigung gibt und die nach Art. 79 Abs. 3 GG zu wahrenden Grundelemente des Gleichheitssatzes somit nicht verletzt sind, beruht damit auf der vorgetragenen Faktenlage, sowohl die DDR als auch die Sowjetunion hätten auf der Einführung dieser Regelung bestanden und die Bundesregierung hätte auf diese Bedingung eingehen müssen. Gerade dieser vom Gericht als Hauptargument[62] verstandene Umstand ist in der Folgezeit vielfach in Frage gestellt worden,[63] insbesondere als in der Presse zu lesen war, die Sowjetunion habe in Wirklichkeit gar nicht auf der Endgültigkeit der Enteignungen bestanden und habe hiervon auch nicht ihre Zustimmung zur Wiedervereinigung abhängig gemacht.[64] Diese, den im Urteil vom 23. April 1991 getroffenen Feststellungen widersprechende Behauptung hat das Bundesverfassungsgericht in einem Beschluss vom 15. April 1993 zurückgewiesen.[65] Auch das Bundesverwaltungsgericht sah unter Hinweis auf das

---

[61] BVerfGE 84, 90 (127).

[62] so auch STERN, Das Staatsrecht der Bundesrepublik Deutschland, Bd. V, S. 2146.

[63] Man sprach von der „Legende der Vorbedingung" – siehe hierzu die Nachweise bei KIMMINICH, in: Festschrift Carl Heymanns Verlag, S. 75 (84), Fn. 26; zur Kritik vgl. etwa BLUMENWITZ, DtZ 1993, 258 ff.; VITZTHUM/MÄRZ, Restitutionsausschluss, S. 41 f.; KLEIN, in: Festschrift Carl Heymanns Verlag, S. 91 (98); WASMUTH, NJW 1993, 2476 ff.; DERS., DtZ 1993, 334 ff.; DERS. DtZ 1994, 142 ff.; dagegen MOTSCH, DtZ 1994, 19 ff.; HÖCH, DtZ 1995, 76 ff.

[64] Vgl. hierzu etwa die zahlreichen Pressenachweise bei SCHWARZ, in: v. Mangoldt/Klein/Starck, GG, Bd. 3, Art. 143 Abs. 3 Rn. 56 mit Fn. 113.

[65] BVerfG, DtZ 1993, 275.

Grundsatzurteil des Bundesverfassungsgerichts in seiner Entscheidung vom 29. April 1994 keine neuen Tatsachen gegeben, die dazu berechtigt hätten, gemäß Art. 100 Abs. 1 GG eine erneute Entscheidung des Bundesverfassungsgericht über die Verfassungsmäßigkeit des Restitutionsausschlusses für Enteignungen auf besatzungsrechtlicher oder besatzungshoheitlicher Grundlage herbeizuführen.[66] Beachtenswert ist allerdings, dass es das Bundesverfassungsgericht in seinem Beschluss vom 15. April 1993 ausdrücklich für nicht ausgeschlossen hielt, dass sich bei entsprechenden – damals vom Bundesverfassungsgericht jedoch als nicht erbracht angesehenen – Nachweisen für die aufgestellte Behauptung aus der behaupteten (neuen) Lage verfassungsrechtliche Konsequenzen ergeben könnten.

2. Das Bodenreformurteil II

In seinem Beschluss vom 18. April 1996 hatte sich das Bundesverfassungsgericht erneut mit dem Problem der Verfassungswidrigkeit des in Art. 41 Abs. 1 EV i.V.m. Nr. 1 S. 1 der Gemeinsamen Erklärung enthaltenen Restitutionsausschlusses für die in den Jahren 1945 bis 1949 auf besatzungsrechtlicher oder besatzungshoheitlicher Grundlage erfolgten Enteignungen zu befassen.[67] Dabei bestätigte es die zuvor im Urteil vom 23. April 1991 gefundene Linie und hielt im Leitsatz fest, dass der in Art. 143 Abs. 3 GG für bestandskräftig erklärte Restitutionsausschluss von Verfassungs wegen nicht zu beanstanden sei.

a) Sachverhalt

Neben Angriffen gegen den verfassungsrechtlich abgesicherten Restitutionsausschluss und die Verfassungsmäßigkeit von § 1 Abs. 8 a des Gesetzes zur Regelung offener Vermögensfragen (VermG)[68], wonach das Vermögensgesetz materiell-rechtlich auf Enteignungen von Vermögenswerten auf besatzungsrechtlicher oder besatzungshoheitlicher Grundlage nicht anwendbar ist, haben die Beschwerdeführer vor allem auch Einwendungen gegen die tatsächlichen Grundla-

---

[66] Siehe BVerwGE 96, 8 (10 ff.).

[67] BVerfGE 94, 12 ff.

[68] vom 23. September 1990 (BGBl. II S. 1159), neugefasst durch die Bekanntmachung v. 21.12.1998 (BGBl. I, S. 4026), zuletzt geändert durch Art. 3 des Gesetzes zur Änderung und Ergänzung des Entschädigungsgesetzes und anderer Vorschriften v. 10.12.2003 (BGBl. I, S. 2471).

gen des Urteils vom 23. April 1991 erhoben. Insbesondere wurde unter Bezugnahme auf entsprechende Aussagen des letzten Präsidenten der Sowjetunion, MICHAEL GORBATSCHOW, und des ehemaligen sowjetischen Außenministers, EDUARD SCHEWARDNADSE, bestritten, dass eine „Vorbedingung" für die Zustimmung zur Wiedervereinigung tatsächlich gestellt worden war.[69] Die Beschwerdeführer rügten vor allem eine Verletzung der Grundelemente des Gleichheitssatzes, womit sich entsprechend auch das Bundesverfassungsgericht schwerpunktmäßig im Rahmen der Begründetheitsprüfung der Verfassungsbeschwerden befasste.

b) Materielle Verfassungsmäßigkeit des Restitutionsausschlusses

(1) Keine Verletzung der Grundelemente des Gleichheitssatzes

Die Regelung des Ausschlusses der Rückgabe von Vermögenswerten, die in den Jahren 1945 bis 1949 in der sowjetisch besetzten Zone Deutschlands auf besatzungsrechtlicher oder besatzungshoheitlicher Grundlage enteignet wurden, verletzt nach Ansicht des Bundesverfassungsgericht nicht die „Grundelemente des Gleichheitssatzes, die nach Art. 79 Abs. 3 GG unantastbar sind".[70] Die Ungleichbehandlung sei – so der Beschluss vom 18. April 1996 – nicht zu beanstanden, weil sie „der Ermöglichung der Wiedervereinigung Deutschlands" diente.[71] Im Hinblick auf dieses Ziel und seine überragende Bedeutung hätte dem Restitutionsausschluss für die Enteignungen vor 1949 der Vorrang vor einer Gleichbehandlung aller Enteignungen eingeräumt werden dürfen.

---

[69] Auf die Frage des britischen Historikers NORMAN STONE im Sommer 1994, ob die Sowjetunion „im Laufe der Verhandlungen über die Wiedervereinigung Deutschlands als eine unerlässliche Bedingung ein Verbot der Restitution gefordert" habe, antwortete MICHAEL GORBATSCHOW: „Nein, das stimmt nicht." Kurze Zeit später ergänzte er zwar diese Äußerung, wonach er seine Aussage nur auf die Verhandlungsebene zwischen ihm und dem damaligen Bundeskanzler, Helmut Kohl, bezogen habe, betonte insofern jedoch noch einmal, dass „von einer Alternative ‚Restitutionsverbot oder Scheitern des Großen Vertrages' [gemeint ist der Zwei-plus-Vier-Vertrag] …keine Rede sein (konnte)". Dass die Sowjetunion ihre Zustimmung zur deutschen Wiedervereinigung von der Festschreibung des Restitutionsausschlusses abhängig gemacht habe, bestritt auch EDUARD SCHEWARDNADSE. In einem „Spiegel-TV"-Interview im September 1994 äußerte er: „Vorbedingungen in Bezug auf die Vereinigung haben wir nicht gestellt". Dieses Thema sei „weder im Stab von Gorbatschow, noch im Außenministerium" erörtert worden. (Siehe hierzu BVerfGE 94, 12 (18 ff.).

[70] BVerfGE 94, 12 (33 f.).

[71] BVerfGE 94, 12 (34).

Anders als im Urteil vom 23. April 1991, wo das Bundesverfassungsgericht diesbezüglich auf die Existenz einer von der DDR und der Sowjetunion gestellten „Vorbedingung" abgestellt hatte, argumentiert es nunmehr jedoch nicht damit, dass sowohl die DDR als auch die Sowjetunion auf der Einführung des Restitutionsausschlusses bestanden und hiervon ihre Zustimmung zur Wiedervereinigung abhängig gemacht hätten. Diese Feststellung wird nicht mehr getroffen. Vielmehr ist für das Bundesverfassungsgericht 1996 allein entscheidungserheblich, dass die Bundesregierung die Verhandlungspositionen entsprechend eingeschätzt bzw. gedeutet habe. So sei „die Einschätzung, ob die Wiedervereinigung in der Tat von der Zustimmung zum Restitutionsausschluss abhing, ... Sache der Bundesregierung" gewesen. Und diese „von der Bundesregierung vorgenommene und bis heute aufrechterhaltene Einschätzung ... [könne] nach wie vor nicht als pflichtwidrig angesehen werden".[72] Dabei hebt das Bundesverfassungsgericht, wie im Urteil vom 23. April 1991, den eingeschränkten Umfang der verfassungsgerichtlichen Überprüfung des Vorgehens der Bundesregierung bei Verhandlungen über Staatsverträge und damit der „Einschätzung" der Verhandlungspositionen hervor.[73] Im Bereich der Außenpolitik stehe der Bundesregierung – ebenso wie seinerzeit im Bereich der Deutschlandpolitik – „ein breiter Raum politischen Ermessens zu". Die Ausübung dieses Ermessens bei der Einschätzung der Verhandlungssituation sei zwar nicht völlig unbegrenzt. Die Grenzen verliefen aber erst dort, wo die Einschätzung der Bundesregierung nicht mehr als pflichtgemäß anzusehen sei. Davon könne indes nur dann die Rede sein, wenn sich der Bundesregierung bei den Verhandlungen aufdrängen müsse, dass sie von falschen Voraussetzungen ausgehe. Nur in diesem Umfang könne das Vorgehen der Bundesregierung bei Verhandlungen über Staatsverträge vom Bundesverfassungsgericht nachgeprüft werden.[74]

---

[72] So BVerfGE 94, 12 (35 f.); kritisch hierzu wegen der Außerachtlassung völkerrechtlicher Gesichtspunkte SCHWEISFURTH, SBZ-Konfiskationen privaten Eigentums 1945 bis 1949, S. 70 ff.; DERS., VIZ 2000, 505 ff.; vgl. auch SOBOTA, LKV 1996, 324, die dahin geht, zu sagen, dass das Bundesverfassungsgericht in seinem Beschluss die Frage nach der historischen Wahrheit durch eine Pflichtwidrigkeitsprüfung ersetzte, welche um ein Pseudonym kreise, da der Bundesregierung tatsächlich nie vorgeworfen worden sei, dass sie während der Zwei-plus-Vier-Verhandlungen irgend etwas falsch verstanden hat.

[73] BVerfGE 94, 12 (35); 84, 90 (127 f.).

[74] BVerfGE 94, 12 (35); vgl. auch SCHWARZ, in: v. Mangoldt/Klein/Starck, GG, Bd. 3, Art. 143 Abs. 3 Rn. 57, der insoweit auf die Entscheidung des Bundesverfassungsgerichts über die Stationierung nuklearer Mittelstreckenwaffen verweist (BVerfGE 66, 39 (61)) und ausführt, dass das Gericht hier in Anlehnung an diese Entscheidung aus funktionellrechtlichen Gründen seine Kontrollzuständigkeit reduziert, wenn es sich für nicht befugt hält

Unter Bezugnahme auf das Bodenreformurteil I und die in der mündlichen Verhandlung vom 22. Januar 1991 abgegebenen, und, wie das Bundesverfassungsgericht feststellt, bislang durch den Vortrag der Beschwerdeführer in ihrem Aussagegehalt nicht erschütterten Erklärungen des damaligen Bundesministers DR. KINKEL, des Ministerpräsidenten a.D. DE MAIZIÈRE und des damaligen Staatssekretärs DR. KASTRUP, bestätigt das Bundesverfassungsgericht die Ansicht, die Einschätzung der Verhandlungspositionen durch die Bundesregierung könne nicht als pflichtwidrig angesehen werden.[75] Dabei hat das Bundesverfassungsgericht die Ermessensausübung der Bundesregierung gesondert für die Verhandlungen mit der DDR und der Sowjetunion gewürdigt.

(a) Die Verhandlungen mit der DDR

In Bezug auf die Verhandlungen mit der DDR führt das Bundesverfassungsgericht an, dass es „das Ziel" der von LOTHAR DE MAIZIÈRE geführten Regierungskoalition gewesen sei, „die Irreversibilität der Bodenreform insgesamt sicherzustellen", da man in dieser Thematik „sozialen Sprengstoff ersten Ranges" gesehen habe.[76] Seinem Redebeitrag in der mündlichen Verhandlung vor dem Bundesverfassungsgericht vom 22. Januar 1991 sei „hinreichend deutlich zu entnehmen [gewesen], dass sein Anliegen die Festschreibung aller auf besatzungsrechtlicher oder besatzungshoheitlicher Grundlage durchgeführten Enteignungen war".[77] Die „Einschätzung" der Verhandlungslage durch die Bundesregierung dahingehend, dass die DDR ihre Zustimmung zur deutschen Wiedervereinigung von der Unumkehrbarkeit dieser Enteignungen abhängig gemacht habe, sei daher pflichtgemäß erfolgt.[78] Dass sich hiergegen auch nicht einwenden

---

zu untersuchen, „ob die Bundesregierung den objektiv zur Verfügung stehenden Verhandlungsrahmen richtig erkannt und das in jeder Hinsicht bestmögliche Verhandlungsergebnis erreicht hat" (so BVerfGE 94, 12 (35)).

[75] BVerfGE 94, 12 (35 ff.).

[76] BVerfGE 94, 12 (36 f.).

[77] BVerfGE 94, 12 (38).

[78] Gerade dieses aber wird mit der Aussage des ehemaligen Staatssekretärs der DDR und späteren Bundesministers GÜNTHER KRAUSE widerlegt. So bestreitet er, dass jemals diese Vorbedingung auch von Seiten der DDR tatsächlich gestellt wurde. So zitierte ihn die FAZ v. 26.02.1999 u.a. mit folgenden Worten einer eidesstattlichen Erklärung: „Von der Bundesregierung wurde im Verfahren vor dem Bundesverfassungsgericht ... die Behauptung aufgestellt, die sowjetische Verhandlungsseite hätte im Rahmen der Verhandlungen über die deutsche Wiedervereinigung die Bedingung erhoben, dass die ... Enteignungen ... nicht rückgängig gemacht werden dürften, es andernfalls keine Zustimmung der Sowjetunion zur Wiedervereinigung ... gegeben hätte. Weitergehend wurde die Behauptung aufgestellt, dass dieses

lasse, es wäre mit Blick auf die sich abzeichnende Bankrottlage der DDR[79], die ein Stellen von Forderungen und eine Alternative zur Wiedervereinigung nicht mehr zuließ, unschädlich gewesen, wenn die Bundesregierung auf die Frage des Restitutionsausschlusses nicht eingegangen wäre, stellt das Bundesverfassungsgericht ausdrücklich klar. Hierbei handele es sich um eine „nachträgliche Deutung der politischen Verhältnisse", was die Grundlagen für eine pflichtgemäße Einschätzung der Verhandlungslage durch die Bundesregierung nicht erschüttere.[80] Schließlich weist das Bundesverfassungsgericht auch den Vorwurf zurück, für den Restitutionsausschluss seien ausschließlich fiskalische Interessen der Bundesrepublik Deutschland bestimmend gewesen.[81] Diese Annahme sei durch nichts belegt worden.

(b) Die Verhandlungen mit der Sowjetunion

Auch hinsichtlich der Verhandlungen mit der Sowjetunion sieht das Bundesverfassungsgericht 1996 keine neuen Erkenntnisse vorliegen, welche die Einschätzung der Bundesregierung als pflichtwidrig erscheinen lassen. Anders jedoch als bei der DDR, wo die Unumkehrbarkeit der Enteignungen noch als ausdrücklich erklärtes „Ziel" bzw. „Anliegen" festgestellt werden konnte, sind hinsichtlich der Sowjetunion schon deren Verhandlungsziele bloße „Deutung" der Bundesregierung.[82]

Die Verhandlungsposition der Sowjetunion sei, so das Bundesverfassungsgericht, durch zwei Forderungen gekennzeichnet gewesen: erstens durch die nach Anerkennung von „Gesetzlichkeit", „Rechtmäßigkeit" und „Legitimität" der Enteignungsmaßnahmen zwischen 1945 und 1949, sowie zweitens durch die

---

Verbot des Rückgängigmachens ... so zu verstehen gewesen sei, dass auch die Rückführung einzelner Vermögenswerte an die ehemaligen privaten Eigentümer, die sich heute noch im Eigentum der öffentlichen Hand befinden, untersagt sei ... Dazu erkläre ich: Von einer solchen Vorbedingung der Sowjetunion ist mir nichts bekannt. In einer weiteren Verfassungsbeschwerde ... hat die Bundesregierung vor dem Bundesverfassungsgericht behauptet, die Unumkehrbarkeit der Enteignungen sei auch eine Forderung der DDR-Verhandlungsseite gewesen ... Dazu erkläre ich: Diese Behauptung der Bundesregierung ist unrichtig ...". Siehe hierzu auch STERN, Das Staatsrecht der Bundesrepublik Deutschland, Bd. V, S. 2146 f. mit Fn. 1011.

[79] So bereits BVerfGE 84, 90 (131).

[80] BVerfGE 94, 12 (37).

[81] BVerfGE 94, 12 (38 f.).

[82] Siehe SCHWEISFURTH, SBZ-Konfiskationen privaten Eigentums 1945 bis 1949, S. 71 f.; vgl. auch MEIXNER, DÖV 1997, 184 (189 f.).

nach Nicht-Revision der „Rechtmäßigkeit der Beschlüsse".[83] „Dass die Bundesregierung diese Verhandlungsziele dahin gedeutet hat, von der Sowjetunion werde auch die Unumkehrbarkeit der genannten Enteignungen gefordert", sei verfassungsrechtlich nicht zu beanstanden.[84] Dabei komme es, so das Bundesverfassungsgericht weiter, nicht darauf an, ob diese Deutung die einzig mögliche Deutung der Erklärungen und Verhandlungsunterlagen der Sowjetunion gewesen sei. Vielmehr sieht das Bundesverfassungsgericht in der „Deutung" der Bundesregierung die Ausübung ihres in Fragen der auswärtigen Politik weitreichenden Ermessens und hält es für „einleuchtend, wenn nicht nahe liegend, die genannten Papiere so zu verstehen, dass die Sowjetunion eine Rückabwicklung der Enteignungen ablehnte, weil sie aus ihrer Sicht die Maßnahmen der sowjetischen Besatzungsmacht nachträglich als rechtswidrig hätte erscheinen lassen".[85] Daran würden auch nachträgliche Äußerungen von Beteiligten an den Zwei-plus-Vier-Verhandlungen, wie die von den Beschwerdeführern vorgetragenen Äußerungen von MICHAEL GORBATSCHOW und EDUARD SCHEWARDNADSE, nichts ändern. Aus ihnen könne nicht gefolgert werden, die Bundesregierung habe seinerzeit die Verhandlungslage nicht pflichtgemäß eingeschätzt.[86]

(2) Keine Verletzung des Eigentumsschutzes

Nach Ansicht des Bundesverfassungsgerichts ergeben sich „auch aus dem Eigentumsschutz, soweit er von Art. 79 Abs. 3 GG umfasst wird", keine verfas-

---

[83] BVerfGE 94, 12 (40).

[84] BVerfGE 94, 12 (40); vgl. hierzu auch SCHWEISFURTH, SBZ-Konfiskationen privaten Eigentums 1945 bis 1949, S. 72 ff., ders., VIZ 2000, 505 (517 f.), der ebenso wie WASMUTH, DÖV 1994, 986 (990), hervorhebt, dass die Sowjetunion nie expressis verbis die Unumkehrbarkeit der Enteignungen gefordert hatte.

[85] BVerfGE 94, 12 (40); dazu, dass es der Sowjetunion nicht darum gegangen sein dürfte, dass das Eigentum neu zugesprochen wird, sondern dass es ihr vielmehr darum ging, dass ihre Maßnahmen und Entscheidungen als Besatzungsmacht nicht von deutschen Gerichten überprüft und für rechtswidrig bzw. nichtig erklärt würden, siehe auch STERN, Das Staatsrecht der Bundesrepublik Deutschland, Bd. V, S. 2147 mit Hinweis auf eine entsprechende Aktennotiz von GRAF V. SCHLIEFFEN. Siehe auch SCHWEISFURTH, SBZ-Konfiskationen privaten Eigentums 1945 bis 1949, S. 70 ff., und DERS., VIZ 2000, 505 (516 ff.), der unter Hinweis auf die Berücksichtigung – vom Bundesverfassungsgericht völlig ausgeblendeter - völkerrechtlicher Gesichtspunkte zu dem Schluss gelangt, dass sich der Bundesregierung sowohl bei den Verhandlungen mit der DDR als auch bei den Verhandlungen mit der Sowjetunion aufdrängen musste, dass sie von falschen Voraussetzungen ausging.

[86] BVerfGE 94, 12 (43 f.).

sungsrechtlichen Bedenken gegen den Restitutionsausschluss.[87] Dabei wiederholt das Bundesverfassungsgericht mit Blick auf den Einwand, dass die durchgeführten Enteignungen nach Maßgabe des Art. 46 der Haager Landkriegsordnung[88] völkerrechtswidrig gewesen seien, die bereits im Urteil vom 23. April 1991 aufgestellte Behauptung, dass Ansprüche auf völkerrechtlicher Grundlage „jedenfalls nicht durchsetzbar und damit praktisch wertlos gewesen" wären.[89] In seinen Ausführungen zum Gesichtspunkt des ordre public wird das Bundesverfassungsgericht insofern deutlicher, als es anführt: „Den Betroffenen standen vor der Wiedervereinigung keine durchsetzbaren Rechtspositionen zu. Daran hätte sich allenfalls durch die Wiedervereinigung etwas ändern können, die jedoch nach der verfassungsrechtlich nicht zu beanstandenden Einschätzung der Bundesregierung ohne den Restitutionsausschluss nicht zu erreichen gewesen wäre."[90]

Daneben bekräftigt das Bundesverfassungsgericht unter dem Gesichtspunkt des Eigentumsschutzes seine bereits unter dem Blickwinkel der Grundelemente des Gleichheitssatzes eingenommene Haltung, dass sich auch aus § 1 Abs. 8 a VermG, wonach das Vermögensgesetz materiell-rechtlich auf besatzungsrechtliche und besatzungshoheitliche Enteignungen nicht anwendbar sei, keine verfassungsrechtlichen Bedenken gegen den Restitutionsausschluss herleiten lassen.[91] Damit bescheinigt das Bundesverfassungsgericht unmissverständlich die Verfassungsmäßigkeit von § 1 Abs. 8 a VermG.[92] Dass ungeachtet des Restitutionsverbots ein Rückerwerb der enteigneten Vermögensobjekte im Rahmen von Ausgleichsleistungen verfassungsrechtlich möglich ist, belegt das Bundesverfassungsgericht erneut mit seinem Hinweis auf entsprechende Ausführungen im Urteil vom 23. April 1991.[93]

---

[87] BVerfGE 94, 12 (46 ff.).

[88] Vom 18. Oktober 1907 (RGBl. 1910, S. 107), wonach das Privateigentum geachtet werden soll (Art.46 Abs.1) und nicht eingezogen werden darf (Art. 46 Abs. 2).

[89] BVerfGE 94, 12 (46 f.); ob ein Verstoß gegen die Haager Landkriegsordnung vorliegt, lässt das Bundesverfassungsgericht unentschieden, deutet jedoch seine eher ablehnende Haltung an.

[90] BVerfGE 94, 12 (47); SCHWEISFURTH, VIZ 2000, 505 (520), stellt dazu fest, dass „hier ... immerhin deutlich (wird), dass die Frage der Durchsetzbarkeit der Ansprüche *nach* der Wiedervereinigung und *ohne* einen Restitutionsausschluss anders zu beantworten gewesen wäre als *vor* der Wiedervereinigung".

[91] BVerfGE 94, 12 (47 f. und 45 f.).

[92] Vgl. hierzu auch WASMUTH, in: Sobotka, Wiedergutmachungsverbot ?, S. 624 ff.

[93] BVerfGE 94, 12 (46).

C. Kein Rechtsfriede im wiedervereinigten Deutschland

1. Kritik an den Bodenreformurteilen

Die beiden Entscheidungen des Bundesverfassungsgerichts von 1991 und 1996 sind sowohl von den Medien, den Betroffenen selbst, von Politikern als auch von der rechtswissenschaftlichen Literatur vielfach behandelt worden. Bis in die Gegenwart gehört die Frage des Restitutionsausschlusses für Enteignungen auf besatzungsrechtlicher oder besatzungshoheitlicher Grundlage zu einem kontrovers diskutierten Thema.[94]

Die Kritik an den Entscheidungen richtet sich einmal gegen die Anschauung des Bundesverfassungsgerichts, dass der Kernbereich der Eigentumsgarantie nicht durch den Restitutionsausschluss verletzt werde – das Bundesverfassungsgericht habe hier die zentrale Bedeutung der Eigentumsgarantie des Art. 14 GG als Grundlage einer freien Gesellschaftsordnung missachtet.[95] Insbesondere seitdem Äußerungen von an den Verhandlungen zur Wiedervereinigung Hauptbeteiligten bekannt wurden, die bestritten bzw. zumindest erhebliche Zweifel daran aufkommen ließen, dass das Verbot der Restitution eine sowohl von Seiten der DDR wie auch der Sowjetunion gestellte Vorbedingung war,[96] betraf die kritische Diskussion zum anderen die tatsächlichen Entscheidungsgrundlagen des Gerichts und verlagerte damit den Schwerpunkt auf die Gleichheitsfrage. Denn wie ausgeführt, ist laut Bundesverfassungsgericht die Ungleichbehandlung der vor und der nach 1949 Enteigneten ja (alleine) dadurch gerechtfertigt, dass sie „der Ermöglichung der Wiedervereinigung Deutschlands" diente.[97] Im Lichte neuer „Erkenntnisse" über die vor dem Bundesverfassungsgericht vorgetragene Faktenlage anlässlich der Verhandlungen, die zur Herstellung der deutschen Einheit geführt haben, stellte sich die Frage, wie es denn tatsächlich um die „pflichtgemäße Einschätzung" der Vorbedingung durch die Bundesregierung

---

[94] Vgl. statt vieler etwa die Zusammenstellung bei SOBOTKA, Wiedergutmachungsverbot?, sowie die Nachweise bei STERN, Das Staatsrecht der Bundesrepublik Deutschland, Bd. V, S. 2143.

[95] Vgl. statt vieler etwa MAURER, JZ 1992, 183 (189 f.); SCHOLZ, in: Maunz/Dürig, GG, Bd. V, Art. 143 Rn. 29; Heinz, BB 1993, 733 (738 f.).

[96] Siehe hierzu bereits oben Fn. 69, sowie die weiteren Nachweise bei STERN, Das Staatsrecht der Bundesrepublik Deutschland, Bd. V, S. 2146 mit Fn. 1010 und 1011.

[97] BVerfGE 94, 12 (34).

bestellt war.[98] Denn wie das Bundesverfassungsgericht betont, kann es nicht mehr als pflichtgemäß angesehen werden, wenn sich der Bundesregierung bei den Verhandlungen aufdrängen musste, dass sie von falschen Voraussetzungen ausging.[99] In diesem Fall fällt die Rechtfertigung für die Ungleichbehandlung weg und Art. 143 Abs. 3 GG, mit dessen Regelung „der Rechtsfriede in einem künftigen Deutschland dauerhaft gesichert werden" sollte,[100] verstößt gegen die durch Art. 79 Abs. 3 GG geschützten Grundelemente des Gleichheitssatzes.

2. Das Ergebnis der Paffrath-Arbeit

Bei ihrer Suche nach der objektiven historischen Sachlage, dem tatsächlichen Ablauf der Ereignisse und den Positionen der jeweiligen Verhandlungspartner, geht es Frau PAFFRATH unter Berücksichtigung der Argumentation des Bundesverfassungsgerichts in dessen beiden Bodenreformurteilen im Wesentlichen um die Beantwortung folgender Fragen:[101]

- Hat die Sowjetunion tatsächlich das Rückgabeverbot zur Bedingung ihrer Zustimmung zur Wiedervereinigung gemacht?

- Hat die Bundesregierung bei den Verhandlungen zur Herstellung der Einheit Deutschlands pflichtgemäß gehandelt oder nicht, unabhängig davon, ob es eine Vorbedingung von sowjetischer Seite aus gab?

- Oder aber war die Bundesregierung vielmehr selbst die treibende Kraft und hat das Rückgabeverbot im Sinne eigener Interessen als Teil des Einigungsvertrages geplant?

Während die bisherigen Untersuchungen und kritischen Auseinandersetzungen mit den Bodenreformurteilen stets die Frage nach dem tatsächlichen Vorliegen der vom Bundesverfassungsgericht unterstellten Vorbedingung seitens der DDR und der Sowjetunion im Blick hatten, betrachtet Frau PAFFRATH erstmals

---

[98] Vgl. etwa SCHWEISFURTH, VIZ 2000, 505 (516 ff.); DERS., SBZ-Konfiskationen privaten Eigentums 1945 bis 1949, S. 70 ff.; SCHLIEFFEN, in: Sobotka, Wiedergutmachungsverbot?, S. 161 ff.; WASMUTH, NJW 1993, 2476 ff.

[99] BVerfGE 94, 12 (35).

[100] Vgl. hierzu die Präambel der Gemeinsamen Erklärung, abgedruckt etwa bei STERN/SCHMIDT-BLEIBTREU, Verträge und Rechtsakte zur Deutschen Einheit, Bd. 2, S. 823 ff.

[101] Vgl. PAFFRATH, Macht und Eigentum, S. 260 f.

das Verhalten der Bundesregierung auch losgelöst von der Existenz einer (sowjetischen) Vorbedingung. Dies ist vor dem Hintergrund des Bodenreformurteils II durchaus angezeigt. Denn war Hauptargument des Bundesverfassungsgerichts in seinem Urteil 1991 noch die Existenz einer Vorbedingung, welche die Festschreibung des Restitutionsausschlusses rechtfertigte, so stellte es 1996 in seiner Entscheidung ja klar, dass selbst eine möglicherweise irrtümliche Einschätzung bzw. Deutung der Ziele und Positionen der Verhandlungspartner das Handeln der Bundesregierung nicht schon zu einem pflichtwidrigen macht und daher nicht zu einem Scheitern der Rechtfertigung des Restitutionsausschlusses führt.[102]

Ausgehend hiervon hält Frau PAFFRATH fest, dass die Einschätzung der Bundesregierung hinsichtlich der Vorbedingung für die Wiedervereinigung (erst) dann als pflichtwidrig zu charakterisieren sei, wenn sich zeigen lässt, dass die Bundesregierung entweder nicht alles getan hat, um gemäß ihrer verfassungsrechtlichen Pflicht zum Schutz des Eigentums die vermeintliche oder wirkliche Vorbedingung wegzuverhandeln oder wenigstens zu lindern, oder dass die Bundesregierung gar keinem Irrtum erlegen sein konnte, weil ihr die Nicht-Existenz einer Vorbedingung bekannt war, der Anschein einer Vorbedingung aber aufrechterhalten wurde, und/oder von ihr der Irrtum selbst initiiert wurde.[103] Nach eingehender Analyse des Handelns der Bundesregierung im Lichte der von ihr sorgfältig aufgearbeiteten Darstellung der Positionen der DDR und der Sowjetunion vom Mauerfall bis zum Abschluss der Zwei-plus-Vier-Verhandlungen und der von ihnen jeweils erhobenen (tatsächlichen) Forderungen, gelangt Frau PAFFRATH im Wesentlichen zu folgendem Ergebnis:[104]

---

[102] Vgl. BVerfGE 94, 12 (33 ff., 40 ff.); dort führt das Bundesverfassungsgericht aus, dass es angesichts des weitreichenden Ermessens in Fragen der auswärtigen Politik nicht darauf ankomme, ob die Deutung der Erklärungen und Verhandlungsunterlagen, von der die Bundesregierung ausgegangen ist, die einzig mögliche war, und dass von einer pflichtwidrigen Einschätzung der Verhandlungslage nur dann die Rede sein könne, wenn sich der Bundesregierung bei den Verhandlungen aufdrängen musste, dass sie von falschen Voraussetzungen ausging.

[103] Vgl. PAFFRATH, Macht und Eigentum, S. 253 ff.

[104] Vgl. PAFFRATH, Macht und Eigentum, insbes. S. 260 ff., 375 ff. Im übrigen sei darauf hingewiesen, dass Frau PAFFRATH im Rahmen der Auswertung des ihr zugänglichen Materials erstaunlicherweise auch aufdeckt, dass sich die Rechtsprechung des Bundesverfassungsgerichts in seinem Urteil vom 23. April 1991 in seinen Formulierungen zum Teil auf ein Argumentationsmodell stützt, das Monate zuvor vom Wissenschaftlichen Dienst des Deutschen Bundestages formuliert und vom Gericht teilweise wörtlich übernommen wurde (siehe S. 309 ff.).

- Bereits im März 1990 stand für die Bundesregierung das Ziel der Nichtrückgabe des in der sowjetischen Besatzungszone konfiszierten Eigentums fest.

- Die DDR-Regierungen (MODROW und DE MAIZIÈRE) hatten zwar Bestandsschutz für die bestehende Eigentumsordnung gefordert, die DDR hatte jedoch nicht die politische Macht, das Rückgabeverbot bei den Verhandlungen zur Herstellung der Einheit Deutschlands durchzusetzen.

- Die sowjetische Bedingung der Wiedervereinigung bestand allein darin, das vereinigte Deutschland möge die Rechtmäßigkeit der in der sowjetischen Besatzungszone in den Jahren 1945 bis 1949 verfügten Maßnahmen und Beschlüsse anerkennen und sie nicht vor deutschen Gerichten in Frage stellen lassen. An keinem Verhandlungstag und auf keiner Verhandlungsebene hatte die Sowjetunion jedoch die Forderung gestellt, dass das während ihrer Besatzungszeit konfiszierte Vermögen nicht an seine Eigentümer zurückgegeben werden dürfe.

- Die maßgeblichen Vertreter der Bundesrepublik Deutschland haben mit ihrer Behauptung, die Sowjetunion habe unabdingbar die Forderung nach dem Rückgabeverbot gestellt, die Öffentlichkeit, das Parlament und das Bundesverfassungsgericht getäuscht. Zu einer Fehleinschätzung der Verhandlungslage durch die Bundesregierung konnte es nicht kommen. Denn sie selbst war die treibende Kraft, die den von ihr in eigener Regie gefassten Plan der Nichtrückgabe des in der sowjetischen Besatzungszone konfiszierten Vermögens nach der Wiedervereinigung in die Tat umsetzte. Und dies tat sie nach Überzeugung von Frau PAFFRATH aus dem Motiv heraus, mit dem Verkauf der enteigneten Objekte die Wiedervereinigung zu finanzieren und eine ansonsten unumgängliche Steuererhöhung zu vermeiden.

- Die beiden Bodenreformurteile des Bundesverfassungsgerichts aus den Jahren 1991 und 1996 beruhen daher auf falschen Tatsachenvoraussetzungen. Denn weder hat es eine, vom Bundesverfassungsgericht in seinem Bodenreformurteil I als tragende Säule seiner Argumentation verstandene, sowjetische Vorbedingung gegeben, noch konnte die Bundesregierung zu einer, im Bodenreformurteil II als tragende Säule der Begründung verstandenen, „pflichtgemäßen Einschätzung" der Verhandlungslage kommen – hatte die Bundesregierung doch selbst für die Festschreibung des Rückgabeverbots gesorgt.

Mit ihren Thesen erschüttert Frau PAFFRATH die von der Bundesregierung vor dem Bundesverfassungsgericht abgegebene Erklärung, dass nach ihrer pflichtgemäßen Einschätzung sowohl die DDR als auch die Sowjetunion bei den Verhandlungen ihre Zustimmung zur deutschen Wiedervereinigung von der Unumkehrbarkeit der besatzungsrechtlichen und besatzungshoheitlichen Enteignungen abhängig gemacht hätten, und sie auf diese Bedingung habe eingehen müssen, um die Einheit Deutschlands zu erreichen. Vielmehr zeigt sie auf, dass das Verhalten der Bundesregierung zum Zeitpunkt der vertraglichen Vereinbarungen erkennbar pflichtwidrig war, weil die Bundesregierung selbst bereits seit März 1990 den Restitutionsausschluss geplant und seine vertragliche Festschreibung bei den Verhandlungen betrieben habe. Die Bundesregierung habe sich selbst die vermeintliche Vorbedingung der östlichen Verhandlungspartner gestellt, um damit eigene politische Zielsetzungen zu verdecken. Deshalb habe sie auch den eigentumsrechtlichen Forderungen der DDR nichts entgegengesetzt. Da sie den Restitutionsausschluss selbst verfolgt habe, war es ihr damit auch logisch gar nicht möglich, zu einer „pflichtgemäßen Einschätzung" der Verhandlungspositionen zu kommen.

Diese Neubewertung der vom Bundesverfassungsgericht in seinen beiden Bodenreformurteilen zugrunde gelegten Tatsachenbasis gibt Anlass zu der Prüfung, ob die Urteile des Bundesverfassungsgerichts nicht wegen tatsächlich neuer Erkenntnisse „überdacht" werden müssten, wie das Bundesverfassungsgericht selbst folgert.[105] Da gemäß den Urteilen des Bundesverfassungsgerichts der an sich gleichheitswidrige Ausschluss der Restitution für die Enteignungen zwischen 1945 und 1949 nur durch äußere Umstände bzw. deren entsprechender Einschätzung gerechtfertigt sein sollte, stellt sich die Frage nach der „Bestandskraft" der Urteile des Bundesverfassungsgerichts, wenn aufgrund neu ans Licht gebrachter Erkenntnisse davon auszugehen ist, dass das Bundesverfassungsgericht auf falscher Tatsachengrundlage entschieden hat und demzufolge die Urteile „unrichtig" sind. Vor allem interessiert, welche Neubewertung der materiellen Rechtslage es bedürfe, wenn es tatsächlich keine pflichtgemäße Einschätzung der Verhandlungslage durch die Bundesregierung gab und somit der Grund für eine Ungleichbehandlung wegfällt. Dem soll im Folgenden nachgegangen werden.

---

[105] BVerfGE 94, 12 (32).

D. Verfahrensmöglichkeiten zur Wiederherstellung des Rechtsfriedens

Wie allen Gerichtsentscheidungen kommt auch den Entscheidungen des Bundesverfassungsgerichts neben der Wirkung der innerprozessualen Bindung – im Sinne einer Unwiderruflichkeit – an seine eigenen Entscheidungen[106] die Wirkung der (formellen und materiellen) Rechtskraft zu. Obwohl im BVerfGG von der formellen Rechtskraft ebenso wenig die Rede ist wie von der materiellen Rechtskraft, setzt das Bundesverfassungsgericht das Erwachsen seiner Entscheidungen in Rechtskraft voraus.[107]

Formell rechtskräftig werden die Entscheidungen des Bundesverfassungsgerichts regelmäßig im Zeitpunkt ihres Erlasses, da gegen sie als Entscheidungen einer höchsten Instanz nicht mit Rechtsmitteln vorgegangen werden kann.[108] Die formelle Rechtskraft sichert die Unanfechtbarkeit der Entscheidungen in einem Folgeprozess. Aus der formellen Rechtskraft folgt die materielle Rechtskraft.[109] Ihr Zweck ist es, den inhaltlichen Bestand der formell rechtskräftigen Entscheidung über das Verfahren hinaus in weiteren Prozessen zu sichern. Sie bindet die Beteiligten des Verfahrens (Antragsteller, Antragsgegner sowie deren Rechtsnachfolger) auf Dauer an die formell rechtskräftige Entscheidung und erlaubt es auch den Gerichten nicht, erneut über die Sache zu entscheiden. Mit der materiellen Rechtskraft sollen die unverzichtbaren Postulate der Rechtssicherheit und

---

[106] Die innerprozessuale Bindung bedeutet, dass das Bundesverfassungsgericht von seinen einmal getroffenen (End- oder Zwischen-)Entscheidungen im selben Verfahren nicht mehr abrücken kann. Dies hindert das Bundesverfassungsgericht allerdings nicht, später von früheren Entscheidungen in der Sache abzuweichen. Vgl. hierzu BETHGE, in: Maunz/Schmidt-Bleibtreu/Klein/Bethge, BVerfGG, Bd. 1, § 31 Rn. 31 ff.; KLEIN, in: Benda/Klein, Verfassungsprozessrecht, Rn. 1291; SCHLAICH/KORIOTH, Das Bundesverfassungsgericht, Rn. 465, jeweils m.w.N.

[107] Vgl. nur BVerfGE 4, 31 (38 f.); 20, 56 (86 f.); 69, 92 (102); 92, 91 (107).

[108] Vgl. etwa BETHGE, in: Maunz/Schmidt-Bleibtreu/Klein/Bethge, BVerfGG, Bd. 1, § 31 Rn. 27 ff., 40; KLEIN, in: Benda/Klein, Verfassungsprozessrecht, Rn. 1292 ff.; eine gewisse Ausnahme von der prinzipiellen Unanfechtbarkeit stellt die Vorschrift des § 32 Abs. 3 BVerfGG dar, wonach gegen einen Beschluss, mit dem eine einstweilige Anordnung erlassen oder abgelehnt wird, Widerspruch möglich ist.

[109] Vgl. VOßKUHLE, in: v. Mangoldt/Klein/Starck, GG, Bd. 3, Art. 94 Abs. 2 Rn. 30.

des Rechtsfriedens zwischen den Beteiligten gewährleistet werden.[110] Durch sie wird zur Erhaltung des Rechtsfriedens der Rechtssicherheit Vorrang gegenüber der Einzelfallgerechtigkeit eingeräumt.

Die materielle Rechtskraft endet, wenn sich die maßgebliche Sachlage gegenüber dem Zeitpunkt der Entscheidung ändert. „Die Rechtskraft einer gerichtlichen Entscheidung bezieht sich stets auf den Zeitpunkt, in dem sie ergeht. Erfasst werden damit nicht solche Veränderungen, die erst später eintreten. Denn jede gerichtliche Erkenntnis geht von den zu seiner Zeit bestehenden Verhältnissen aus. Deshalb hindert die Rechtskraft nicht die Berufung auf neue Tatsachen, die erst nach der früheren Entscheidung entstanden sind."[111] Eine erneute Vorlage, die auf tatsächliche Veränderungen gestützt wird, wird daher nicht durch die Rechtskraft gehindert. Voraussetzung ist die Berufung auf neue Tatsachen (vgl. §§ 41, 47 BVerfGG), also tatsächliche Veränderungen nach dem maßgeblichen Zeitpunkt der ersten Entscheidung, die geeignet sind, eine von der früheren Entscheidung des Bundesverfassungsgerichts abweichende Entscheidung zu ermöglichen. Neben diesem Fall, in dem es aufgrund der zeitlichen Grenze der Rechtskraft möglich ist, dem Bundesverfassungsgericht scheinbar denselben Antrag wiederholt zur sachlichen Prüfung vorzulegen, ist jedoch auch eine Durchbrechung bereits bestehender Rechtskraft nicht ausgeschlossen. Vielmehr wird diese in bestimmten Fällen und damit eine Aufhebung der Erstentscheidung für zulässig gehalten, so dass über die Sache erneut und abweichend entschieden werden kann. Zu beleuchten ist daher, wie die von Frau PAFFRATH in substantiierter Weise vorgetragenen neuen Erkenntnisse zu einer erneuten Beschäftigung des Gerichts mit seinen (rechtskräftigen) Bodenreformentscheidungen und einem Abgehen hiervon führen könnten.

---

[110] BVerfGE 47, 146 (161, 165); 60, 253 (269); vgl. weiter auch BETHGE, in: Maunz/Schmidt-Bleibtreu/Klein/Bethge, BVerfGG, Bd. 1, § 31 Rn. 42 ff.; SCHLAICH/KORIOTH, Das Bundesverfassungsgericht, Rn. 479; RENNERT, in: Umbach/Clemens, BVerfGG, § 31 Rn. 25 ff. Ergänzend sei erwähnt, dass sich sachlich die Rechtskraft lediglich auf den Entscheidungstenor bezieht. Dies schließt allerdings nicht aus, dass die Gründe gelegentlich zur Auslegung des Tenors herangezogen werden müssen; vgl. z.B. BVerfGE 33, 199 (203); 78, 320 (328); 85, 117 (121); vgl. näher hierzu auch PESTALOZZA, Verfassungsprozessrecht, § 20 Rn. 61.

[111] BVerfGE 70, 242 (249); siehe auch BVerfGE 33, 199 (203); 39, 169 (181 ff.); 65, 179, (181).

1. Möglichkeit der Wiederaufnahme

Einen Fall der Rechtskraftdurchbrechung regeln Wiederaufnahmeverfahren. Sie sind in allen Prozessordnungen, wenn auch mit gewissen Unterschieden, vorgesehen.[112] Sie ermöglichen bei Vorliegen bestimmter wesentlicher Verfahrensfehler oder in Fällen, in denen die Entscheidung auf unrichtigen, verfälschten oder sonst in bestimmter Weise fehlerhaften Grundlagen beruht, eine Aufhebung der Erstentscheidung und Neuverhandlung und Neuentscheidung der Sache. Ihr Sinn und Zweck ist es, in bestimmten Grenzen im Interesse materieller Gerechtigkeit und Rechtsrichtigkeit eine Korrektur einer bereits rechtskräftigen Entscheidung zu schaffen. Die materielle, der Rechtssicherheit dienende Rechtskraft wird in diesen Fällen zur Bewahrung der Rechtsrichtigkeit durchbrochen.[113]

a) Wiederaufnahmeverfahren nach § 61 BVerfGG

Das Rechtsinstitut der Wiederaufnahme des Verfahrens ist auch im BVerfGG vorgesehen. So findet nach § 61 Abs. 1 BVerfGG zugunsten des im Verfahren der Richteranklage (s. § 13 Nr. 9 BVerfGG) verurteilten Richters auf seinen Antrag oder nach seinem Tode auf Antrag seines Ehegatten oder eines seiner Abkömmlinge unter den Voraussetzungen der §§ 359 und 364 StPO die Wiederaufnahme des Verfahrens statt. § 61 BVerfGG ist jedoch der einzige Fall, in dem das Gesetz ausdrücklich die Wiederaufnahme des Verfahrens vor dem Bundesverfassungsgericht zulässt.[114] Diskutiert wurde die Wiederaufnahme lediglich noch für die Bundespräsidentenklage, was jedoch im Gesetzgebungsverfahren abgelehnt worden ist.[115]

---

[112] Vgl. §§ 359 ff. StPO, §§ 578 ff. ZPO sowie § 153 VwGO, § 134 FGO, § 179 SGG, § 79 ArbGG, die die Wiederaufnahme nach Maßgabe der ZPO gestatten.

[113] Vgl. etwa HARTMANN, in: Baumbach/Lauterbach/Albers/Hartmann, ZPO, Grundz. § 578 Rn. 2; SCHÖNKE/KUCHINKE, Zivilprozessrecht, S. 413; SACHS, Die Bindung des Bundesverfassungsgerichts an seine Entscheidungen, S. 142 ff. m.w.N.; BVerwGE 82, 272 (274).

[114] Nicht zu verwechseln ist dies mit der Vorschrift des § 79 Abs. 1 BVerfGG, die zwar auch von der Wiederaufnahme des Verfahrens spricht, jedoch nur auf Strafurteile anwendbar ist und deren Wiederaufnahme für zulässig erklärt, wenn sie auf einer für nichtig erklärten Norm des materiellen Strafrechts beruhen (vgl. hierzu auch LECHNER/ZUCK, BVerfGG, § 79 Rn. 5; MAUNZ, in: Maunz/Schmidt-Bleibtreu/Klein/Bethge, BVerfGG, Bd. 2, § 61 Rn. 3).

[115] Vgl. NEUMEYER, BT-Protokoll, 112. Sitzung der 1. Legislaturperiode, S. 4231; GEIGER, Bundesverfassungsgericht, § 56 Anm. 5.

Aufgrund der bestehenden Gesetzeslage wird ein ungeschriebenes allgemeines Wiederaufnahmeverfahren für verfassungsgerichtliche Entscheidungen überwiegend abgelehnt und § 61 BVerfGG als abschließende Regelung der Wiederaufnahmemöglichkeiten gesehen.[116] So wird vor allem angeführt, dass aufgrund der Diskussion um einzelne Wiederaufnahmetatbestände nicht leichthin von einer Gesetzeslücke im BVerfGG ausgegangen werden könne. Vielmehr habe der Gesetzgeber beim Bundesverfassungsgericht von einer höheren Gewähr der Richtigkeit und Korrektheit des Zustandekommens der Entscheidungen ausgehen und aus diesem Grunde von einer Wiederaufnahme des Verfahrens in anderen Verfahrensarten absehen dürfen.[117]

b) Analogie zu den Wiederaufnahmevorschriften anderer Verfahrensordnungen

Gerade die praktische Seltenheit von Wiederaufnahmekonstellationen im Verfassungsprozess sieht SACHS jedoch als Grund dafür an, weshalb der Gesetzgeber von einer allgemeinen Wiederaufnahmeregelung absehen konnte.[118] SACHS sieht in § 61 BVerfGG daher keine abschließende Regelung der Wiederaufnahme für das Bundesverfassungsgerichtsgesetz. Um den Konflikt zwischen der mit der materiellen Rechtskraft bezweckten Rechtssicherheit bzw. dem Rechtsfrieden und dem mit jedem Urteil auch angestrebten Ziel der Rechtsrichtigkeit[119] der Entscheidungen auch im bundesverfassungsgerichtlichen Verfahren in Fällen zu lösen, in denen die Vermutung der Richtigkeit der gefundenen Entschei-

---

[116] Vgl. PESTALOZZA, Verfassungsprozessrecht, § 20 Rn. 53; vgl. auch die weiteren Nachweise bei SACHS, Die Bindung des Bundesverfassungsgerichts an seine Entscheidungen, S. 145 mit Fn. 37, sowie DERS., BayVBl. 1979, 385 (388) mit Fn. 62 und 4.

[117] Siehe KLEIN, in: Benda/Klein, Verfassungsprozessrecht, Rn. 1306 m.w.N.
Gegen das Bestehen einer Gesetzeslücke ließe sich im Übrigen auch die Vorschrift des § 40 BVerfGG anführen, die unter den genannten Voraussetzungen die Möglichkeit einer Abänderung der Verwirkungsentscheidung mit Wirkung ex nunc eröffnet und damit ebenfalls einen Fall der Durchbrechung der Rechtskraft darstellt. Daraus lässt sich schlussfolgern, dass der Gesetzgeber die Frage der Unverrückbarkeit rechtskräftiger Entscheidungen abschließend geklärt haben wollte; vgl. hierzu auch KLEIN, in: Benda/Klein, Verfassungsprozessrecht, Rn. 1307.

[118] Vgl. SACHS, Die Bindung des Bundesverfassungsgerichts an seine Entscheidungen, S. 142 ff.; DERS., BayVBl. 1979, 385 ff.

[119] Siehe hierzu sowie allgemein zu den Prozesszielen HARTMANN, in: Baumbach/Lauterbach/Albers/Hartmann, ZPO, Einl. III Rn. 9 ff.; sowie SACHS, Die Bindung des Bundesverfassungsgerichts an seine Entscheidungen, S. 15 ff. mit zahlreichen Nachweisen.

dung erschüttert ist, schlägt er eine analoge Heranziehung der Wiederaufnahmeregelungen nach den Prozessordnungen der übrigen Gerichtsbarkeiten vor.[120] Die Wiederaufnahmeregelungen entspringen ja gerade dem Zielkonflikt zwischen Rechtssicherheit und Rechtsrichtigkeit.

Als Grundlage für eine Analogie zieht SACHS zur Wiederaufnahme von Verfassungsbeschwerdeverfahren die Regelungen der §§ 578 ff. ZPO heran, die, mit Ausnahme der strafprozessualen Wiederaufnahmeregelung, Maßstab für die anderen Prozessordnungen waren. Aufgrund der Besonderheiten der strafprozessualen Wiederaufnahmeregelungen stellt SACHS zu Recht fest, dass diese Wiederaufnahmeregelungen analog nur in strafprozessähnlichen Verfahren wie denen nach § 13 Nr. 1, 2, 4 und 9 BVerfGG in Betracht kommen könnten.

Ausgehend von den einzelnen in § 579 Abs. 1 und § 580 ZPO abschließend festgeschriebenen Wiederaufnahmegründen untersucht SACHS folgerichtig als Voraussetzung, ob ihnen auch im Verfassungsprozess eine entsprechende Bedeutung zukommt, welche die Einleitung eines neuen Verfahrens rechtfertigen könnte. Ebenso wie bei den Anfechtungsgründen nach § 579 Abs. 1 ZPO, die in besonders schwerwiegenden Verfahrensmängeln liegen und deren Vorliegen auch im bundesverfassungsgerichtlichen Verfahren dem Fortbestand der Erstentscheidung die Legitimation nehmen,[121] kommt SACHS auch bei den Restitutionsgründen nach § 580 ZPO, die darin liegen, dass das Urteil auf einer unrichtigen, insbesondere einer verfälschten Grundlage beruht, zu dem Schluss, dass hier im Wesentlichen ebenfalls eine analoge Anwendung im bundesverfassungsgerichtlichen Verfahren in Betracht kommt.[122]

---

[120] Vgl. SACHS, Die Bindung des Bundesverfassungsgerichts an seine Entscheidungen, S. 144 ff.; DERS., BayVBl. 1979, 385 (389 ff.); dabei weist SACHS auch auf die weitergehende Ansicht von BEYER, WILHELM R., Prozessuale Chancen einer als verfassungswidrig erklärten Partei, JZ 1967, 744 (745), hin, der die Wiederaufnahmemöglichkeit als Wesenselement der Rechtskraft ansieht, so dass eine Wiederaufnahme bei jeder Entscheidung gegeben sein müsse. Befürwortet wird eine Wiederaufnahme auch von GEIGER, BVerfGG, § 33 Anm. 8 für den Fall des § 33 BVerfGG.

[121] Vgl. SACHS, Die Bindung des Bundesverfassungsgerichts an seine Entscheidungen, S. 146 ff.; DERS., BayVBl. 1979, 385 (389 f.), jeweils mit zahlreichen Nachweisen auch auf die eine Wiederaufnahme in diesen Fällen ablehnende Meinung.

[122] Vgl. SACHS, Die Bindung des Bundesverfassungsgerichts an seine Entscheidungen, S. 148 ff.; DERS., BayVBl. 1979, 385 (390).

(1) Die Straftatbestände nach § 580 Nr. 1 - 5 ZPO

Wie bei jeder anderen Gerichtsentscheidung, so sind auch im Verfassungsprozess strafbare, für die Entscheidung ursächliche Handlungen von am Prozess Beteiligten bzw. ihrer Vertreter (s. § 580 Nr. 3, 4 ZPO), Fälschungen von Urkunden (s. § 580 Nr. 2 ZPO) oder Amtspflichtverletzungen von Richtern (s. § 580 Nr. 5 ZPO) geeignet, die Richtigkeitsvermutung der Entscheidung und damit gleichzeitig auch die Grundlage für die befriedende, den Rechtsfrieden sichernde Wirkung der Entscheidung zu erschüttern. Besonderheiten des bundesverfassungsgerichtlichen Verfahrens bestehen insoweit nicht. Es kann daher auch für das bundesverfassungsgerichtliche Verfahren nichts anderes gelten: Bei strafbaren Einflussnahmen auf ein Urteil ist die Fragwürdigkeit der Entscheidungsgrundlage evident.[123]

Was ein etwaiges strafrechtliches Verhalten der vor dem Bundesverfassungsgericht im Jahr 1991 aussagenden prozessbevollmächtigten Vertreter der Bundesregierung, DR. KLAUS KINKEL und DR. DIETER KASTRUP, sowie des damaligen Ministerpräsidenten der DDR, LOTHAR DE MAIZIÈRE anbelangt, so wurden gegen diese Strafanzeigen wegen uneidlicher Falschaussage vor dem Bundesverfassungsgericht erstattet,[124] was bei entsprechender Verurteilung (s. § 581 ZPO) mit SACHS zu einer Wiederaufnahme des bundesverfassungsgerichtlichen Verfahrens hätte führen müssen. In einem Verfahren vor dem Oberlandesgericht Karlsruhe wurde dem damaligen Staatssekretär im Auswärtigen Amt, DR. DIETER KASTRUP, zur Last gelegt, vor dem Bundesverfassungsgericht bewusst unzutreffende Angaben zur Existenz einer sowjetischen Vorbedingung gemacht zu haben, die wesentlich zur Urteilsfindung und -begründung des Bundesverfassungsgerichts beigetragen haben.[125] Das Oberlandesgericht Karlsruhe lehnte jedoch eine Strafbarkeit nach § 153 StGB wegen uneidlicher Falschaussage (s. § 580 Nr. 3 ZPO) mit der Begründung ab, KASTRUP habe vor dem Bundesverfassungsgericht nicht als Zeuge ausgesagt: „Im Verfahren vor dem BVerfG war der Angezeigte lediglich Berichtsperson; es ist auszuschließen, dass er als Zeuge oder Sachverständiger gehört worden ist. Mit Verfügung des damaligen Präsi-

---

[123] Vgl. SACHS, Die Bindung des Bundesverfassungsgerichts an seine Entscheidungen, S. 148 ff.; DERS., BayVBl. 1979, 385 (390); eine analoge Anwendung des § 580 Nr. 1 ZPO (falsche eidliche Parteiaussage) auf das bundesverfassungsgerichtliche Verfahren kommt mit SACHS aufgrund der insoweit bestehenden Besonderheit des Bundesverfassungsgerichtsgesetzes, das keinen Parteieid, sondern nur den Eid der Zeugen und Sachverständigen kennt (s. § 28 BVerfGG), jedoch nicht in Betracht.

[124] so WENDENBURG, Herzog und de Maizière, FAZ v. 17.10.2003.

[125] Siehe OLG Karlsruhe, Beschluss vom 17.01.1996, VIZ 1996, 140 f.

denten des BVerfG vom 20.12.1990 wurde die Bundesregierung gebeten, zur mündlichen Verhandlung am 22.1.1991 'einen Teilnehmer an den maßgeblichen Verhandlungen zu stellen, der aus eigener Kenntnis Einzelheiten darüber mitteilen kann'. Hieraus und aus dem Umstand, dass der Angezeigte in der Verhandlung vor dem BVerfG weder als Zeuge noch als Sachverständiger belehrt worden ist, folgt, dass sich das BVerfG seiner als sog. 'Aufklärungshilfe' bedient hat."[126] Auch die Generalstaatsanwaltschaft Karlsruhe verneinte die Aussagefunktion als Zeuge. So ließ sie, ebenso wie die erstatteten Strafanzeigen gegen KINKEL und DE MAIZIÈRE, auch die Strafanzeige gegen KASTRUP mit der Begründung nicht zu, diese hätten lediglich als Amtspersonen Auskünfte erteilt und nicht als Zeugen ausgesagt, weshalb sie nicht bestraft werden könnten.[127] Diese Beurteilung muss verwundern, denn obwohl die Angaben von DE MAIZIÈRE, KINKEL und KASTRUP inhaltlich von erheblichem Gewicht waren – hatte doch das Bundesverfassungsgericht seine Entscheidung wesentlich hierauf gestützt – wurde ihnen formal doch nicht die, ihrem Aussagegehalt entsprechende Bedeutung einer Zeugen- oder Sachverständigenaussage attestiert. Um so mehr muss es jedoch verwundern, dass genau diese Aussagefunktion vom Bundesverfassungsgericht in einem Beschluss aus dem Jahre 1997 festgestellt wurde.[128] Zugrunde lag dem Beschluss u.a. die Frage, ob für die am Verfahren vor dem Bundesverfassungsgericht 1991 beteiligten Rechtsanwälte eine Beweisgebühr angefallen war. Dies wurde vom Gericht bejaht und insoweit mit Blick auf die Beweisaufnahme die Zeugeneigenschaft des damals aussagenden DE MAIZIÈRE festgestellt und ausgeführt, „dass der Senat in seinem Urteil die Bekundungen der Angehörten wie Zeugenaussagen verwertet und gewürdigt hat".[129] Diese Feststellung erfolgte jedoch zu spät. Denn 1997 war der Straftatbestand der uneidlichen Falschaussage, für den eine Verjährungsfrist von 5 Jahren gilt (s. § 78 Abs. 2 Nr. 4, § 153 Abs. 1 StGB), bereits verjährt. So prüfte das Bundesverfassungsgericht 1997 auch nicht mehr, „ob darüber hinaus auch die Anhörung von Bundesminister KINKEL und Staatssekretär KASTRUP im Hinblick darauf, dass sie im Verfahren als Vertreter der Bundesregierung aufgetreten sind, die Beweisgebühr ausgelöst hat".[130] Dies aber hätte in einem Strafverfahren nach Maßgabe der Feststellung des Bundesverfassungsgerichts zur Zeugeneigenschaft von DE MAIZIÈRE geprüft und gleichermaßen eine Zeugeneigen-

---

[126] Siehe OLG Karlsruhe, VIZ 1996, 140 (141).
[127] Siehe WENDENBURG, Herzog und de Maizière, FAZ v. 17.10.2003.
[128] BVerfG, Beschluss vom 15.07.1997, NJW 1997, 3430 ff.
[129] BVerfG, NJW 1997, 3430 (3431).
[130] BVerfG, NJW 1997, 3430 (3431).

schaft von KINKEL und KASTRUP bejaht werden müssen, da sich das Bundesverfassungsgericht 1991 bei der für die Entscheidung erheblichen Feststellung zur angeblichen Existenz der sowjetischen Vorbedingung wesentlich auch auf die Angaben dieser beiden Personen gestützt hat. Eine uneidliche Falschaussage 1991 war im Jahr 1997 jedoch schon verjährt.

(2)   Der Tatbestand des § 580 Nr. 7 b ZPO

Die im Hinblick auf das von Frau PAFFRATH bei ihrer Untersuchung eingesehene und ausgewertete Material, zu dem auch einige der Allgemeinheit bis heute vorenthaltene Unterlagen gehören, auf den ersten Blick am ehesten passende Vorschrift des § 580 Nr. 7 b ZPO (Auffinden einer Urkunde, welche eine der Partei günstigere Entscheidung herbeigeführt haben würde), wird in ihrer analogen Anwendung von SACHS abgelehnt.[131] Dies geschieht mit dem Hinweis auf die einer analogen Anwendung insoweit entgegenstehenden Besonderheiten des bundesverfassungsgerichtlichen Verfahrens. Denn während Urkunden im Zivilprozess eine gegenüber anderen Beweismitteln besondere Beweisfunktion zukommt, da sie als das sicherste Beweismittel gelten,[132] dessen Relevanz für das Urteil sofort und unschwer überprüfbar ist, genießen sie im bundesverfassungsgerichtlichen Verfahren keinen Vorrang gegenüber anderen Beweismitteln.[133] Der Grund der Vorschrift des § 580 Nr. 7 b ZPO, die gerade bei Auffinden einer entscheidungserheblichen, typischerweise einen höheren (formellen) Beweiswert besitzenden Urkunde, nicht jedoch bei nachträglichem Auftauchen anderer Beweismittel eine Restitutionsklage zulässt, trifft bei bundesverfassungsgerichtlichen Verfahren nicht zu. Die Nachweise, die Frau PAFFRATH mit ihrer Arbeit bringt und die geeignet sind, das Ergebnis der Bodenreformentscheidungen für die Beschwerdeführer günstig zu beeinflussen, würden nach SACHS mangels analoger Anwendbarkeit des § 580 Nr. 7 b ZPO daher nicht zu einer Wiederaufnahmemöglichkeit führen.

Ungeachtet dieser Bewertung bleibt aber die Frage, ob § 580 Nr. 7 b ZPO an sich nicht auf die Untersuchung von Frau PAFFRATH bzw. das von ihr ans Licht

---

[131] Vgl. SACHS, Die Bindung des Bundesverfassungsgerichts an seine Entscheidungen, S. 149 f.; DERS., BayVBl. 1979, 385 (390).

[132] Vgl. GEIMER, in: Zöller, ZPO, vor § 415 Rn. 11; HARTMANN, in: Baumbach/Lauterbach/Albers/Hartmann, ZPO, Übers. § 415 Rn. 13.

[133] Es gibt keine Rangordnung der Beweismittel, vgl. KLEIN, in: Maunz/Schmidt-Bleibtreu/Klein/Bethge, BVerfGG, Bd.1, § 26 Rn. 10; LEIBHOLZ/RUPPRECHT, BVerfGG, § 26.

gebrachte Quellenmaterial anwendbar wäre. Voraussetzung für die Anwendbarkeit des § 580 Nr. 7 b ZPO auf das von Frau PAFFRATH gesichtete und analysierte Material wäre, dass es sich hierbei um Urkunden, also schriftliche Verkörperungen eines Gedankens handelt, die durch ihren eigenen Beweiswert einen Mangel des früheren Verfahrens offenbaren können. Es genügt nicht, dass die Urkunden ein günstigeres Ergebnis etwa nur zusammen mit dem jetzt Vorgetragenen bewirkt hätten. Außerdem müsste es sich um solche Urkunden handeln, die zur Zeit des Vorprozesses bereits existiert haben.[134] Geht man davon aus, dass das von Frau PAFFRATH aufgedeckte und untersuchte Material diese Voraussetzungen erfüllte, ist die Erfüllung der Tatbestandsvoraussetzungen des § 580 Nr. 7 b ZPO festzustellen. Da sich der Gesetzgeber, anders als im Fall des § 359 Nr. 5 StPO, wonach eine Wiederaufnahme bei Beibringung neuer Tatsachen zulässig ist, bei § 580 Nr. 7 b ZPO gegen die Restitution bei sog. nova entschieden und alleine Urkunden i.S. von §§ 415 ff. ZPO ausgenommen hat, wird eine analoge Anwendung des § 580 Nr. 7 ZPO auf andere Beweismittel als Urkunden grundsätzlich abgelehnt.[135] Allerdings wird im Schrifttum teilweise diskutiert, den § 580 Nr. 7 b ZPO auf Gutachten, die neue wissenschaftliche Erkenntnisse verwerten, analog anzuwenden.[136] Auch soweit eine analoge Anwendung des § 580 Nr. 7 b ZPO bei neuen wissenschaftlichen Erkenntnissen gefordert wird,[137] liegt den Forderungen jedoch immer der Gedanke des wissenschaft-

---

[134] Vgl. statt vieler etwa HARTMANN, in: Baumbach/Lauterbach/Albers/Hartmann, ZPO, § 580 Rn. 13 ff.; GEIMER, in: Zöller, ZPO, § 580 Rn. 15 ff.

[135] Vgl. BGHZ 65, 300 (302 ff.); vgl. auch ROSENBERG/SCHWAB/GOTTWALD, Zivilprozessrecht, S. 70.

[136] Gegen eine analoge Anwendung etwa OLG Koblenz, NJW-RR 1995, 1278 f.; WÜRTHWEIN, in: ZZP 1999, 447 ff.; siehe grundlegend auch schon BGHZ 1, 218 ff.; BVerwG, NJW 1961, 235 f.; a.A. vgl. etwa OLG Bamberg, FamRZ 1970, 593 f.; rechtspolitisch FOERSTE, NJW 1996, 345 ff.
Bei Vaterschaftsurteilen hat der Gesetzgeber die prozessuale Behandlung neuer Gutachten in § 641 i ZPO einer gesetzlichen Lösung zugeführt. Danach ist eine Restitution aufgrund eines neuen Gutachtens über die Vaterschaft möglich, wenn es allein oder in Verbindung mit den in dem früheren Verfahren erhobenen Beweisen eine andere Entscheidung herbeigeführt haben würde. Gerade die Einfügung einer solchen Spezialregelung für Kindschaftssachen wird von den Gegnern einer analogen Anwendung des § 580 Nr. 7 b ZPO auf neue wissenschaftliche Erkenntnisse herangezogen und damit deutlich zu machen, dass eine Ausdehnung dieser Norm vom Gesetzgeber nicht gewollt und die ausdrückliche Beschränkung auf das Beweismittel „Urkunde" unterlaufen würde.

[137] Vgl. GAUL, Die Grundlagen des Wiederaufnahmerechts und die Ausdehnung der Wiederaufnahmegründe, S. 143 ff., 154 ff., 163; GRUNSKY, in: Stein/Jonas/Grunsky, ZPO, § 580 Rn. 38.

lichen Erkenntniswandels seit der Urteilsfindung zugrunde, etwa aufgrund neuer Verfahrenstechniken oder Analysemöglichkeiten. Bei der politikwissenschaftlichen Arbeit von Frau PAFFRATH wurde allerdings keine neue Verfahrenstechnik oder Analysemöglichkeit eingesetzt, die zum Zeitpunkt der Entscheidungsfindung des Bundesverfassungsgerichts noch nicht verfügbar gewesen wären. Frau PAFFRATHS Untersuchung verwendet kein neuartiges Beweisverfahren, sondern ist eine umfassende Darstellung von Sachverhalten, die entscheidungserhebliche Tatsachen durch die Aufarbeitung von historischen Zusammenhängen und gesammelten Zeugnissen der Zeit beleuchtet. Das Neue in der Arbeit von Frau PAFFRATH besteht in der systematischen und vergleichenden Auswertung von Informationen und der Rekonstruktion des historisch-genetischen Ablaufs der Ereignisse. Dies führt zu einer Neubewertung der Verhandlungspositionen der Vertragspartner und darauf gründend zu dem Ergebnis, dass die Verhandlungs- und Tatsachenlage eine andere war, als bislang angenommen.[138]

c) Beseitigung groben prozessualen Unrechts

Dass die grundsätzliche Ablehnung der Heranziehung der in den Prozessordnungen der anderen Gerichtsbarkeiten enthaltenen Wiederaufnahmeregelungen im Wege der Gesamtanalogie zu einer unter dem Gesichtspunkt der materiellen Einzelfallgerechtigkeit unerträglichen Situation führen kann, hat auch das Bundesverfassungsgericht gesehen. Es geht daher in bestimmten Fällen von der Notwendigkeit aus, sich auf entsprechenden Antrag hin erneut mit der bereits rechtskräftig gewordenen Entscheidung zu beschäftigen und diese, wo geboten, abzuändern. So darf nach dem Bundesverfassungsgericht die grundsätzliche Unanfechtbarkeit von Entscheidungen nicht zu grobem prozessualen Unrecht füh-

---

[138] Was schließlich die Restitutionsgründe nach § 580 Nr. 6 ZPO (Aufhebung eines früheren Urteils) und § 580 Nr. 7 a ZPO (Auffinden eines früheren Urteils) anbelangt, so spricht sich SACHS hier wiederum für eine analoge Anwendung auf das bundesverfassungsgerichtliche Verfahren aus. Danach muss ebenso wie in anderen Gerichtsverfahren auch im bundesverfassungsgerichtlichen Verfahren bei Wegfall eines Urteils, auf das sich das Bundesverfassungsgericht stützt, die bundesverfassungsgerichtliche Entscheidung beseitigt werden können. Gleiches hält er fest für die unerträgliche, wenngleich im Verfassungsprozess auch wohl auszuschließende Situation, dass zwei rechtskräftige, in derselben Sache erlassene Entscheidungen des Bundesverfassungsgerichts plötzlich vorliegen. Beide Fallvarianten treffen auf den vorliegenden Fall, das Ergebnis der Paffrath-Arbeit mit der These der Unrichtigkeit der beiden Bodenreformurteile des Bundesverfassungsgerichts, jedoch nicht zu. Vgl. hierzu SACHS, Die Bindung des Bundesverfassungsgerichts an seine Entscheidungen, S. 149 f.; DERS., BayVBl. 1979, 385 (390), jeweils m.w.N.

ren.[139] Diesen Grundsatz, zu dessen Einhaltung es andere Gerichte entsprechend gemahnt hat, wendet das Bundesverfassungsgericht auch auf sich selbst an. Es hält demgemäß eine Gegenvorstellung gegen das Urteil wegen Verletzung des rechtlichen Gehörs nach Art. 103 Abs. 1 GG für möglich, weil es einen zwei Tage nach Schluss der mündlichen Verhandlung eingereichten, aber versehentlich dem zuständigen Senat nicht vorgelegten Schriftsatz nicht bei seinen Beratungen berücksichtigt hat.[140] Die Ausnahme vom Grundsatz der Unabänderlichkeit unanfechtbarer Beschlüsse hält das Bundesverfassungsgericht indes nur im Einzelfall für geboten, um zu verhindern, dass die Unanfechtbarkeit der Entscheidung zu einem anders nicht zu beseitigenden groben prozessualen Unrecht führt.[141] Im Blickfeld des Bundesverfassungsgerichts stehen somit Urteile, bei denen die wesentlichen Prozessgrundsätze nicht beachtet wurden, die damit einen klaren Verfahrensnachteil für die Beteiligten bedeuten, und bei denen aufgrund des Verfahrens- und Verfassungsverstoßes eine Vermutung für die Richtigkeit der gefundenen Entscheidung nicht mehr besteht. Allein hierauf beschränkt das Bundesverfassungsgericht die Möglichkeit der Abänderung einer rechtskräftigen Entscheidung. Dazu, dass die Vermutung für die Richtigkeit einer Entscheidung auch dann erschüttert sein kann, wenn das Urteil auf einer evident fehlerhaften Grundlage beruht, und das Festhalten an der Entscheidung damit zu einer ebenso nicht mehr hinnehmbaren Situation führen kann, äußert sich das Bundesverfassungsgericht nicht.

d) Ergebniskorrektur

Die Tatsache, dass sich das Bundesverfassungsgericht bislang nur im Fall groben prozessualen Unrechts nicht gehindert sah, sich erneut mit der bereits rechtskräftigen Entscheidung zu beschäftigen, mag dadurch bedingt sein, dass es bislang keinen Anlass und kein Bedürfnis für das Bundesverfassungsgericht gab, sich in seiner Rechtsprechung mit weiteren Wiederaufnahmemöglichkeiten zu beschäftigen. Dies ist auch insoweit nachvollziehbar, als im bundesverfassungsgerichtlichen Verfahren davon auszugehen ist, dass der Wiederaufnahme nur

---

[139] BVerfGE 72, 84 (88); 69, 233 (242); 63, 77 (78 f.).

[140] BVerfGE 72, 84 (88) mit Hinweis auf BVerfGE 69, 233 (242), wo das Bundesverfassungsgericht die verfassungsrechtlich begründete Pflicht anderer Gerichte ausspricht, bei Verletzung des Anspruchs auf rechtliches Gehör oder auf den gesetzlichen Richter selbst unanfechtbare Beschlüsse im Wege der Selbstkontrolle zu prüfen und sie entsprechend aufzuheben oder abzuändern.

[141] BVerfGE 63, 77 (78 f. m.w.N.).

eine äußerst geringe praktische Relevanz zukommt: Denn, wie auch SACHS zutreffend ausführt, sind beim Bundesverfassungsgericht weder schwerwiegende Verfahrensfehler, die zur Nichtigkeitsklage nach § 579 ZPO führen, sehr wahrscheinlich, noch dürften die Restitutionsgründe nach § 580 ZPO häufig zutreffen, da es bei den bundesverfassungsgerichtlichen Verfahren von Natur her primär um Rechtsfragen und weniger um den Nachweis bestimmter Tatsachen geht.[142] Dies schließt es, wie in der Arbeit von Frau PAFFRATH aufgezeigt wird, aber nicht aus, dass auch im bundesverfassungsgerichtlichen Verfahren Tatsachentäuschungen möglich sind, sich ein Urteil somit im Nachhinein als unrichtig erweist und sich diese Unrichtigkeit für jedermann augenfällig offenbart.

Unbestreitbar wäre es eine Verkennung der Einrichtung des Rechtsbehelfs der Wiederaufnahme, wollte man versuchen, jedes als unrichtig erscheinende Urteil mit Hilfe der Wiederaufnahme zu beseitigen. Umgekehrt darf jedoch auch nicht der Regelungszweck von Wiederaufnahmeverfahren außer Acht gelassen werden: Zum einen soll in bestimmten Fällen der Einzelfallgerechtigkeit zum Sieg verholfen und der unterlegenen Partei die Möglichkeit gegeben werden, die Unrichtigkeit des Urteils geltend zu machen.[143] Zum anderen aber soll auch verhindert werden, dass das Ansehen der Gerichte und das Vertrauen in die Rechtsprechung durch ein Urteil beeinträchtigt werden, das unter schweren Prozessverstößen ergangen ist oder dessen Grundlage für jedermann erkennbar unerträglich erschüttert ist.[144] Durch ein uneingeschränktes Festhalten an einem solchen Urteil würde das Ziel der materiellen Rechtskraft, die Schaffung von Rechtssicherheit und Rechtsfrieden, nicht erreicht. Vielmehr würde es als ein der sachlichen Gerechtigkeit geradezu entgegenwirkendes stures Beharren auf Prinzipien verstanden werden.

Bereits nach Erlass des ersten Bodenreformurteils, als der Bundesregierung vorgeworfen wurde, sie habe unwahre Tatsachenbehauptungen über die Verhandlungsposition der Sowjetunion aufgestellt, da diese ihre Zustimmung zur Herstellung der Einheit Deutschlands zu keinem Zeitpunkt unter die Bedingung eines Restitutionsausschlusses gestellt habe, wurden auch im Schrifttum Stimmen laut, die eine Überprüfung des Grundsatzurteils „im Lichte neuer Erkenntnisse über die tatsächlichen Umstände beim Abschluss des Zwei-plus-Vier-

---

[142] Vgl. SACHS, Die Bindung des Bundesverfassungsgerichts an seine Entscheidungen, S. 145 f. m.w.N.; DERS., BayVBl. 1979, 385.
[143] Vgl. GRUNSKY, in: Stein/Jonas/Grunsky, ZPO, Bd. 5/1, Vor § 578 I Rn. 27.
[144] Vgl. HARTMANN, in: Baumbach/Lauterbach/Albers/Hartmann, ZPO, § 580 Rn. 2; GEIMER, in: Zöller, ZPO, § 580 Rn. 1; BGHZ 38, 333 (336 f.); 46, 300 (302); 57, 211 (214 f.); JOHANNSEN, in: Festschrift für den 45. Deutschen Juristentag, S. 81 (88).

Vertrages" unter Hinweis darauf verlangten, dass das Urteil sein eigentliches Ziel, nämlich den Rechtsfrieden im wiedervereinten Deutschland herzustellen, nicht erreicht habe.[145] Mit der zweiten Bodenreformentscheidung des Bundesverfassungsgerichts war jedoch vorläufig ein Schlussstrich unter die Infragestellung der Tatsachengrundlage und eine Überprüfung des Grundsatzurteils gezogen.

Die Arbeit von Frau PAFFRATH geht nun aber weiter als die bisherigen Untersuchungen zu den tatsächlichen Verhandlungspositionen und der Nichtexistenz einer Vorbedingung. Sie geht damit auch über die Argumentation des Bundesverfassungsgerichts zur bislang eingewandten falschen Tatsachengrundlage der Urteilsfindung hinaus. Denn neben dem Nachweis, dass zu keinem Verhandlungstag und auf keiner Verhandlungsebene seitens der Sowjetunion eine Vorbedingung erhoben wurde, liefert Frau PAFFRATH das Ergebnis, dass die Bundesregierung schon vor Beginn der offiziellen internationalen Verhandlungen den Restitutionsausschluss selbst geplant hatte, es daher zu keiner Fehleinschätzung der Verhandlungslage durch die Bundesregierung kommen konnte, diese das Bestehen einer Zwangslage vielmehr selbst vorgetäuscht hatte. Als Motiv für dieses Verhalten der Bundesregierung entlarvt sie finanzielle Interessen: mit dem Gegenwert des Eigentums sollten die mit der Wiedervereinigung auf die Bundesrepublik zukommenden Kosten gedeckt und eine ansonsten unvermeidliche Steuererhöhung vermieden werden.[146] Frau PAFFRATH führt in ihrer politikwissenschaftlichen Untersuchung in substantiierter Weise Gesichtspunkte an, aus denen sie herleitet, das Bundesverfassungsgericht habe sowohl 1991 als auch 1996 auf einer unzutreffenden Tatsachengrundlage entschieden, weshalb die Entscheidungen zu falschen Konsequenzen führten. Dass derartige Darstellungen eine Revision der Bodenreformurteile des Bundesverfassungsgerichts bedeuten könnten, diese also möglicherweise „wegen neuer tatsächlicher Erkenntnisse überdacht werden" müssten, hat auch das Bundesverfassungsgericht in seiner Entscheidung von 1996 gesehen.[147] Dabei attestiert es der Frage, ob das Bodenreformurteil I wegen neuer tatsächlicher Erkenntnisse überdacht werden müsse, die für eine Vorabentscheidung des Bundesverfassungsgerichts nach § 90 Abs. 2 S. 2 BVerfGG vorausgesetzte „allgemeine Bedeutung" und stellt insoweit auf die Schaffung einer im allgemeinen Interesse liegenden Klarheit im Wege einer bundesverfassungsgerichtlichen Entscheidungsfindung ab. Das Spannungsverhältnis zwischen den bestehenden Entscheidungen, deren Ziel es

---

[145] Siehe BLUMENWITZ, BayVBl. 1993, 705 (714).

[146] Vgl. PAFFRATH, Macht und Eigentum, S. 375 ff.

[147] BVerfGE 94, 12 (32).

war, im Interesse der Allgemeinheit Rechtsklarheit zu schaffen, und neuen tatsächlichen Erkenntnissen hat sich in der Zwischenzeit durch Frau PAFFRATHS Arbeit noch erheblich verschärft. Die Unrichtigkeit der Entscheidungen wird durch ihre Beleuchtung der Vorgänge um die deutsche Wiedervereinigung für jedermann augenfällig. Der Zweck, den die bundesverfassungsgerichtlichen Verfahren erfüllen sollten, nämlich den Rechtsfrieden zu bewahren, wird im Lichte der von Frau PAFFRATH aufgestellten Thesen nicht mehr erfüllt. Ihre Thesen lassen das Vertrauen, dass die vom Bundesverfassungsgericht getroffenen Entscheidungen das Recht verwirklichen, verloren gehen.[148]

Dabei ist festzustellen, dass das von Frau PAFFRATH dargestellte Ergebnis auch ganz wesentlich den Fällen entspricht, auf die die Restitutionsgründe regelmäßig Anwendung finden: So lassen der Restitutionsgrund der falschen Parteiaussage, der Urkundenfälschung, der falschen Zeugen- oder Sachverständigenaussage oder der Erschleichung eines Urteils darauf schließen, dass der Partei, für die sich die Straftaten günstig auswirken, die auf der Straftat begründete Unrichtigkeit der Urteilsgrundlage regelmäßig nicht verborgen geblieben ist. Ebenso war aber nach Darstellung von Frau PAFFRATH auch der Bundesregierung die Tatsache nicht unbekannt, dass es gar keine Zwangslage „Restitutionsausschluss oder keine Wiedervereinigung" gab. Vielmehr musste für die Bundesregierung erkennbar gewesen sein, dass die Urteile des Bundesverfassungsgerichts von vornherein unrichtig waren, da sie selbst den Restitutionsausschluss für die in der ehemaligen sowjetisch besetzten Zone durchgeführten Enteignungen geplant hatte, es keine Vorbedingung seitens der Sowjetunion und damit auch keinen Grund für eine Ungleichbehandlung der vor und der nach 1949 Enteigneten gab.

Auf den Restitutionsgrund der falschen Zeugenaussagen wegen der vor dem Bundesverfassungsgericht von den Herren KINKEL und KASTRUP abgegebenen Erklärungen können sich die Beschwerdeführer jedoch nicht mehr stützen. Auch wenn Frau PAFFRATH in ihrer Untersuchung die Nachweise führt, dass die Vertreter der Bundesregierung vor dem Bundesverfassungsgericht mit Blick auf ihre Einschätzung der Verhandlungslage nicht die Wahrheit gesagt haben, so würde, wie oben gezeigt, ein Vorgehen analog der Vorschrift des § 580 Nr. 3 ZPO an der hierfür notwendigen Voraussetzung eines Strafurteils (s. § 581 ZPO) scheitern. Denn die Feststellung des Bundesverfassungsgerichts, dass der Senat im Verfahren 1991 „die Bekundungen der Angehörten wie Zeugenaussagen ver-

---

[148] Vgl. insoweit auch JOHANNSEN, in: Festschrift für den 45. Deutschen Juristentag, S. 81 (88) m.w.N.

wertet und gewürdigt hat"[149] erfolgte erst, nachdem der Straftatbestand der uneidlichen Falschaussage bereits verjährt war.

Unabhängig davon, ob man nun mit SACHS eine analoge Anwendung des § 580 Nr. 3 ZPO auf das bundesverfassungsgerichtliche Verfahren bejahen möchte, ist jedenfalls festzustellen, dass im Falle falscher Zeugenaussagen vor dem Bundesverfassungsgericht eine dem § 580 Nr. 3 ZPO entsprechende Ausgangslage gegeben wäre, die ebenso wie dort auch hier die Vermutung für die Richtigkeit der Entscheidungen des Bundesverfassungsgerichts erschüttert und sich das Rechtsgefühl gegen diese Entscheidungen empört. Dabei scheint es gleichsam als ein Widerspruch, wenn die Rechtslage einerseits eine falsche Zeugenaussage vor Gericht mit Strafe bedroht, andererseits aber ein Urteil aufrecht erhalten würde, das auf dieser strafbaren Handlung gründet – und dies womöglich nur, weil den Betroffenen ein früheres Vorgehen gegen die vor Gericht Aussagenden wegen zu später Feststellung deren Zeugeneigenschaft nicht möglich war.

Ebenso wie bei der vom Bundesverfassungsgericht anerkannten Wiederaufnahmekonstellation, beim Vorliegen groben prozessualen Unrechts, stellt sich auch hier in ähnlicher Weise die Forderung, den neuen Erkenntnissen Rechnung zu tragen – auch wenn kein prozessrechtlicher Fehler des Bundesverfassungsgerichts vorliegt. Denn wie auch im Falle eines Verfahrens- und Verfassungsverstoßes drängt sich im Fall bewusster Vorspiegelung falscher Tatsachen vor dem Bundesverfassungsgericht durch die Bundesregierung bzw. deren Vertreter ein klarer Nachteil für die Beschwerdeführer auf, der außerhalb ihres Verantwortungsbereichs liegt, und erschüttert das Vertrauen in die gefundene Entscheidung nachhaltig. Dies lässt in gleicher Weise die Wiederaufnahme des Verfahrens als gerechtfertigt erscheinen, um so die Autorität des Bundesverfassungsgerichts zu wahren und das verloren gegangene Vertrauen dahingehend, dass die getroffenen Entscheidungen das Recht verwirklichen, wiederzugewinnen.

Gerade bei einer derart großen Differenz zwischen der Tatsachenbasis, auf der ein Bundesverfassungsgerichtsurteil fußt, und einer sich neu darstellenden historischen Wahrheit, liegt es nahe, auch hier von der Möglichkeit der Klärung und Herbeiführung einer erneuten Entscheidung im Wege der Wiederaufnahme des bundesverfassungsgerichtlichen Verfahrens auszugehen. Für den Rechtsfrieden wäre damit jedenfalls ein deutliches Signal gesetzt.

---

[149] BVerfG, NJW 1997, 3430 (3431).

e) Wiederaufnahmeanspruch

Geht man davon aus, dass vor dem Bundesverfassungsgericht die Möglichkeit besteht, den Bestand der Entscheidungen in Form der Wiederaufnahme des Verfahrens in Frage zu stellen, wird man allerdings wohl davon auszugehen haben, dass ein subjektives Recht der am Vorverfahren vor dem Bundesverfassungsgericht Beteiligten auf unmittelbare Prüfung der Erfolgsaussichten durch den Senat nicht besteht. Vielmehr dürfte auch ein möglicher Wiederaufnahmeantrag ebenso wie die vorausgegangene Verfassungsbeschwerde selbst der Vorschrift des § 93 a BVerfGG unterworfen sein. Denn insoweit ist kein vernünftiger Grund ersichtlich, weshalb für das Erlangen einer Zweitentscheidung nicht die gleichen Regelungen gelten sollten, wie für die Erstentscheidung.[150] Dies bedeutet, dass der Kammer zunächst eine Entscheidung über die Annahme der Wiederaufnahme zusteht.

Von einer etwaigen Verfahrenseinleitung durch das Bundesverfassungsgericht selbst, also ex officio, ist im Übrigen nicht auszugehen. Vielmehr gilt vor dem Bundesverfassungsgericht der Grundsatz „ne procedat iudex ex officio". Es bedarf daher für die Einleitung eines Verfahrens – außer im Fall des § 105 Abs. 2 BVerfGG – immer eines Antrags. Was schließlich die Frist für die Stellung eines Wiederaufnahmeantrags anbelangt, so sprechen gute Gründe dafür, hier grundsätzlich von einer Monatsfrist entsprechend § 586 ZPO auszugehen, die mit Kenntnis der die Wiederaufnahmesituation begründenden Tatsachen beginnt. Im vorliegenden Fall beginnt die Frist mit Kenntnisnahme der von Frau PAFFRATH ans Licht gebrachten Erkenntnisse, wobei als frühestmöglicher Zeitpunkt wohl die Veröffentlichung ihrer Arbeit anzusehen ist.

2. Neue Verfahren

a) Neue Sachentscheidung

Wie oben ausgeführt,[151] endet die materielle Rechtskraft, wenn sich entscheidungserhebliche Sachverhalte gegenüber dem Zeitpunkt der Entscheidung geändert haben. Die Rechtskraft verfassungsgerichtlicher Entscheidungen hindert somit nicht die Berufung auf neue Tatsachen, worunter (nur) solche Tatsachen

---

[150] Vgl. insoweit auch SACHS, Die Bindung des Bundesverfassungsgerichts an seine Entscheidungen, S. 386 f.
[151] Siehe unter D.

fallen, die im ersten Verfahren noch nicht vorgebracht werden konnten, weil sie damals noch nicht vorgelegen haben.[152]

Vom Vorliegen solcher Tatsachen ist auch bei den von Frau PAFFRATH in ihrer Untersuchung aufgedeckten Fakten auszugehen. Das von Frau PAFFRATH eingesehene, ihrem historischen Ablauf entsprechend aufbereitete und kritisch ausgewertete Material lässt nachträglich Umstände offenkundig werden, die gegenüber den den Urteilen des Bundesverfassungsgerichts zugrunde liegenden tatsächlichen Vorgängen und Verhältnissen eine anderer Tatsachenlage liefern. Ihre Neubewertung der historischen Begebenheiten ergibt eine andere Erkenntnislage. Diese neue Tatsachenbasis, die zu der Feststellung führt, das Bundesverfassungsgericht habe auf einer falschen Tatsachengrundlage entschieden, ist geeignet, die Richtigkeit der Entscheidungen des Bundesverfassungsgerichts zu erschüttern und von seinen früheren Entscheidungen abweichende Entscheidungen zu ermöglichen.

Der Weg, gestützt auf diese neuen, in der Arbeit von Frau PAFFRATH dargelegten Tatsachen erneut eine Verfassungsbeschwerde in derselben Sache zu erheben, ist den Beschwerdeführern der früheren Verfahren allerdings nicht eröffnet. Hier steht die Einlegungsfrist des § 93 BVerfGG entgegen. Danach konnte das von den Beschwerdeführern im Wesentlichen angegriffene Zustimmungsgesetz zum Einigungsvertrag nur binnen eines Jahres seit dessen Inkrafttreten mit der Verfassungsbeschwerde angegangen werden (s. § 93 Abs. 3 BVerfGG).[153] Diese Einlegungsfrist hindert auch Dritte, über deren subjektiven Rechte in den früheren Verfahren nicht befunden worden ist,[154] im Wege der Verfassungsbe-

---

[152] Vgl. KLEIN, in: Maunz/Schmidt-Bleibtreu/Klein/Bethge, BVerfGG, Bd.1, § 41 Rn. 3; LECHNER/ZUCK, BVerfGG, § 41 Rn. 3.

[153] Auf die frühere Vorschrift des § 96 BVerfGG, die ausdrücklich die Wiederholung einer Verfassungsbeschwerde durch denselben Beschwerdeführer bei Vorliegen neuer Tatsachen vorsah, verzichtete der Gesetzgeber im Rahmen der Novelle zum BVerfGG 1993 (s. BGBl. I, S. 1442). Im Hinblick auf die eng gefassten Fristbestimmungen für Verfassungsbeschwerden nach § 93 BVerfGG war die praktische Bedeutung dieser Regelung von Anfang an gering. Vgl. hierzu SCHMIDT-BLEIBTREU, in: Maunz/Schmidt-Bleibtreu/Klein/Bethge, BVerfGG, Bd. 2, § 96 m.w.N.

[154] Eine Erstreckung der Bindungswirkung der beiden Bodenreformentscheidungen auf alle Bürger (inter omnes) ist nicht erfolgt. Zwar tritt nach § 31 Abs. 2 S. 2 BVerfGG auch für den Fall, dass das Bundesverfassungsgericht im Rahmen einer Verfassungsbeschwerde ein Gesetz als mit dem Grundgesetz vereinbar, unvereinbar oder nichtig erklärt, „Gesetzeskraft" und damit eine Verbindlichkeit der Entscheidung über das Gesetz gegenüber allen Bürgern ein. Das ist in den Bodenreformurteilen jedoch nicht geschehen. Vielmehr hat sich das Bundesverfassungsgericht darauf beschränkt, in den Gründen auszuführen, dass die Beschwerdeführer

schwerde hiergegen vorzugehen. Offen steht sowohl den Beschwerdeführern der damaligen Verfassungsbeschwerden wie auch anderen Bürgern hingegen die Möglichkeit, gegen sie ergangene Behörden- oder Gerichtsentscheidungen, die sich ebenfalls mit Regelungen zum Restitutionsausschluss bzw. den zu seiner Durchführung bestimmten Vorschriften beschäftigten, das Bundesverfassungsgericht anzurufen und unter Berufung auf die von Frau PAFFRATH vorgetragenen neuen Tatsachen eine erneute, abweichende Entscheidung des Gerichts herbeizuführen. Während nach § 31 Abs. 1 BVerfGG die Verfassungsorgane des Bundes und der Länder sowie alle sonstigen Gerichte und Behörden an die Entscheidungen des Bundesverfassungsgerichts gebunden sind, kann nach allgemeiner Auffassung das Bundesverfassungsgericht selbst von seiner Rechtsprechung abweichen.[155] Die Selbstbindung des Bundesverfassungsgerichts besteht nur in den Grenzen der materiellen Rechtskraft. Daher ist das Bundesverfassungsgericht nur dann in einem späteren Verfahren an seine Entscheidung gebunden, wenn es sich um „denselben Streitgegenstand zwischen denselben Parteien" handelt.[156] In einem erneuten Verfassungsbeschwerdeverfahren, in dem die Beschwerdeführer eine Verletzung ihrer Rechte durch in Ausgangsverfahren ergangene Behörden- und Gerichtsentscheidungen rügen und sich dabei auf die mit der Paffrath-Arbeit aufgedeckten neuen tatsächlichen Erkenntnisse stützen, wäre das Bundesverfassungsgericht daher nicht daran gehindert, eine andere Sachentscheidung bezüglich des Restitutionsausschlusses zu treffen, wenn es aufgrund neuer Tatsachen zu einer besseren Erkenntnis und zur Auffassung der Verfassungswidrigkeit des Restitutionsausschlusses gelangt. Dabei wird man unter dem Aspekt der Erschöpfung des Rechtswegs bzw. der Subsidiarität der Verfassungsbeschwerde davon auszugehen haben, dass die neuen Erkenntnisse aus der Paffrath-Arbeit unmittelbar nach Kenntnisnahme durch die Beschwerdeführer zunächst den jeweiligen Fachgerichten vorzutragen sind, um nicht die

---

durch die angegriffene Regelung nicht in ihren Grundrechten verletzt worden sind; im Tenor hat es nur ausgesprochen, dass die Verfassungsbeschwerden zurückgewiesen werden. Vgl. hierzu auch BVerfGE 85, 117 (121).

[155] BVerfGE 4, 31 (38); 20, 56 (86 f.); 70, 242 (249); 77, 84 (104); 78, 320 (328); 82, 198 (205); 104, 151 (197); vgl. SCHLAICH/KORIOTH, Das Bundesverfassungsgericht, Rn. 482; KLEIN, in: Benda/Klein, Verfassungsprozessrecht, Rn. 1347; PESTALOZZA, Verfassungsprozessrecht, § 20 Rn. 88; zu abweichenden Auffassungen BRYDE, Verfassungsentwicklung, S. 426.

[156] BVerfGE 4, 31 (38); 78, 320 (328); vgl. auch DETTERBECK, Streitgegenstand und Entscheidungswirkungen im öffentlichen Recht, S. 340; KLEIN, in: Benda/Klein, Verfassungsprozessrecht, Rn. 1299; PESTALOZZA, Verfassungsprozessrecht, § 20 Rn. 88; RENNERT, in: Umbach/Clemens, BVerfGG, § 31 Rn. 42 f.

Zurückweisung der Verfassungsbeschwerde zu riskieren. Denn es ist festzustellen, dass das Bundesverfassungsgericht in neueren Entscheidungen das Gebot der Erschöpfung des Rechtswegs durch materielle Rügepflichten in den Ausgangsverfahren erheblich erweitert hat.[157] So gehöre es auch zur Erschöpfung des Rechtswegs, entscheidungserhebliche Tatsachen bereits vor den Fachgerichten und nicht erst im bundesverfassungsgerichtlichen Verfahren vorzutragen.[158] Dies scheint vor dem Hintergrund, dass das Bundesverfassungsgericht kein Superrevisionsgericht und übrigens auch keine Supertatsacheninstanz ist,[159] sachgerecht. Schon früh hat das Bundesverfassungsgericht seinen Kontrollbereich dahingehend abgesteckt, dass „die Gestaltung des Verfahrens, die Feststellung und Würdigung des Tatbestandes, die Auslegung des einfachen Rechts .... [grundsätzlich] allein Sache der dafür allgemein zuständigen Gerichte und der Nachprüfung durch das Bundesverfassungsgericht entzogen (sind)".[160] Die Vortragslast bereits im Ausgangsverfahren kann im Übrigen auch dazu führen, dass das Fachgericht aufgrund der neu vorgetragenen Erkenntnisse, die sich aus der Paffrath-Arbeit ergeben und die im Widerspruch zu den Entscheidungen der Bodenreformurteile stehen, eine Vorlage an das Bundesverfassungsgericht im Wege der konkreten Normenkontrolle (s. Art. 100 Abs. 1 GG, §§ 80 ff. BVerfGG) macht, wenn es eine Norm, die im Verfahren entscheidungserheblich ist, aufgrund der neu ans Licht gebrachten Tatsachen für mit dem Grundgesetz nicht mehr vereinbar hält.

b) Entscheidungsinhalt

Was den Inhalt einer Sachentscheidung des Bundesverfassungsgerichts anbelangt, wenn es im Verfahren der Verfassungsbeschwerde oder der konkreten Normenkontrolle aufgrund der vorgetragenen neuen Tatsachen zu der Überzeugung gelangt, dass die von ihm mittelbar oder unmittelbar zu überprüfenden Regelungen mit dem Grundgesetz unvereinbar sind, so richtet sich diese nach § 95 Abs. 3 BVerfGG (Verfassungsbeschwerde) bzw. § 82 i.V.m. § 78 BVerfGG (konkrete Normenkontrolle). Danach ist die für den Fall der Nichtvereinbarkeit

---

[157] Vgl. hierzu SCHLAICH/KORIOTH, Das Bundesverfassungsgericht, Rn. 249; KLEY/RÜHMANN, in: Umbach/Clemens, BVerfGG, § 90 Rn. 96; vgl. auch BENDA, in: Benda/Klein, Verfassungsprozessrecht, Rn. 606 mit Hinweis auf BENDER, Vortrag vor den Gerichten und Verfassungsbeschwerde, NJW 1988, 808 ff.
[158] BVerfGE 66, 337 (364); 72, 82 (88).
[159] Vgl. BRYDE, Verfassungsentwicklung, S. 315.
[160] BVerfGE 18, 85 (92), seitdem st. Rspr.

mit dem Grundgesetz vorgesehene Rechtsfolge die Nichtigerklärung mit ihrer ex-tunc-Wirkung, d.h. Rechtsunwirksamkeit des verfassungswidrigen Gesetzes von Anfang an. Das Bundesverfassungsgericht hat an dieser im BVerfGG von vornherein vorgesehenen Rechtsfolge jedoch nicht strikt festgehalten. Vielmehr hat es sich in zahlreichen Fällen, in denen es zum Ergebnis der Verfassungswidrigkeit eines Gesetz kam, damit begnügt, statt der Nichtigkeit die Unvereinbarkeit der Norm mit dem Grundgesetz festzustellen und auszusprechen.[161] Eine der Konstellationen, in denen das Bundesverfassungsgericht von der Rechtsfolge der Nichtigkeit absieht, ist der Fall des Gleichheitsverstoßes, wenn unter Verletzung gegen den Gleichheitssatz Personen von der gewährten Begünstigung ausgeschlossen werden.[162] Hierbei stellt das Bundesverfassungsgericht vor allem darauf ab, dass eine bloße Unvereinbarkeitserklärung dann angezeigt ist, wenn der Gesetzgeber mehrere Möglichkeiten hat, den verfassungswidrigen Zustand zu beseitigen.[163] Die Begünstigung als solche ist ja nicht verfassungswidrig, vielmehr ergibt sich der Gleichheitsverstoß erst aus dem Verhältnis zwischen der Begünstigung der einen und dem Ausschluss der anderen Gruppe.[164] Schon früh hat das Bundesverfassungsgericht die mit Rücksichtnahme auf die sog. Gestaltungsfreiheit des Gesetzgebers im Rahmen des Art. 3 Abs. 1 GG einhergehende Besonderheit des Verzichts auf die „technisch" an sich mögliche Nichtigerklärung beschrieben. So führt es in seiner sog. „Armenrecht"-Entscheidung[165] aus, dass für den Fall eines Ausschlusses einer Gruppe von einer begünstigenden Regelung unter Verstoß gegen den Gleichheitssatz – sogenannter gleichheitswidriger Begünstigungsausschluss – dennoch eine Nichtiger-

---

[161] Erstmals BVerfGE 13, 248 (249, 260 f.), sowie 28, 227 (242 f.) mit der ausdrücklichen Erklärung der Nicht-Vereinbarkeit; vgl. auch BVerfGE 99, 280 (298); SCHLAICH/KORIOTH, Das Bundesverfassungsgericht, Rn. 394 ff.; PESTALOZZA, Verfassungsprozessrecht, § 20 Rn. 8 ff.; SACHS, DÖV 1982, 23 ff.; LECHNER/ZUCK, BVerfGG, § 78 Rn. 8, jeweils m.w.N. Mit der Neuregelung des BVerfGG im Jahre 1970 (s. BGBl. I, S. 1765) hat der Gesetzgeber die Unvereinbarerklärung in den §§ 31 Abs. 2 und 79 Abs. 1 BVerfGG zur Kenntnis genommen.

[162] BVerfGE 28, 227 (242 f.); 33, 303 (351 ff.); 57, 335 (346); 62, 256 (289); KLEIN, in: Benda/Klein, Verfassungsprozessrecht, Rn. 1269; SCHLAICH/KORIOTH, Das Bundesverfassungsgericht, Rn. 401 ff.; LECHNER/ZUCK, BVerfGG, § 78 Rn. 7 f., mit jeweils zahlreichen weiteren Nachweisen.

[163] Etwa BVerfGE 28, 227 (242 f.); 78, 350 (363); 87, 153 (178); 93, 121 (148); 98, 365 (402); 99, 280 (298).

[164] Vgl. SCHLAICH/KORIOTH, Das Bundesverfassungsgericht, Rn. 402 f.; KLEIN, in: Benda/Klein, Verfassungsprozessrecht, Rn. 1269; BVerfGE 18, 288 (301); 22, 349 (359 f.); vgl. auch MAURER, in: Festschrift Weber, S. 345 (354); IPSEN, Rechtsfolgen der Verfassungswidrigkeit von Norm und Einzelakt, S. 109, 213; DERS., JZ 1983, 41 f.

[165] BVerfGE 22, 349 (361 f.).

klärung des gleichheitswidrigen Gesetzes unterbleiben müsse, da der Verstoß regelmäßig auf verschiedene verfassungsrechtlich zulässige Art und Weise behoben werden könne. Denkbar seien drei Möglichkeiten: „Entweder wird die übergangene Gruppe in die gesetzliche Vergünstigung einbezogen, oder die Vergünstigung wird überhaupt beseitigt [d.h. auch für die bislang begünstigte Gruppe fällt die Begünstigung weg], oder der Kreis der Begünstigten wird nach anderen, dem Art. 3 Abs. 1 GG entsprechenden Merkmalen abgegrenzt." Welche dieser Möglichkeiten im konkreten Fall gewählt werden solle, sei grundsätzlich der Gestaltungsfreiheit des Gesetzgebers überlassen. „Das Bundesverfassungsgericht darf daher bei Feststellung des Verfassungsverstoßes nicht selbst die verletzte Gleichheit wiederherstellen, indem es [durch Nichtigerklärung] die gesetzliche Vergünstigung auf die übergangene Personengruppe ausdehnt, weil es damit der Entscheidung des Gesetzgebers vorgreifen würde." In die Gestaltungsfreiheit des Gesetzgebers würde das Bundesverfassungsgericht somit unzulässigerweise eingreifen, wenn es durch Nichtigerklärung einschränkender Bestimmungen den Gesetzeswortlaut umgestaltet und dadurch die Norm nunmehr auch auf die bislang nicht berücksichtigte Personengruppe ausdehnt. Denn es ist ja nicht auszuschließen, dass der Gesetzgeber möglicherweise von jeder gesetzlichen Regelung abgesehen hätte, wenn er bei der Ausübung seines Ermessens die Tragweite des Art. 3 GG erkannt hätte.[166] Etwas anderes gelte nur dann, wenn mit Rücksicht auf einen zwingenden Verfassungsauftrag oder nach den sonstigen Umständen des Einzelfalls nur eine Möglichkeit zur Beseitigung des Verfassungsverstoßes in Betracht komme, und diese Möglichkeit mittels der Nichtigerklärung verwirklicht werden könne.[167] Eine Nichtigerklärung wird somit dann zugelassen, wenn anzunehmen ist, dass der Gesetzgeber die verbleibende Fassung gewählt haben würde bzw. wenn die Gestaltungsfreiheit des Gesetzgebers geradezu auf eine einzige verfassungsmäßige Alternative geschrumpft ist. Entscheidend wird es zur Abgrenzung darauf ankommen, ob die Verwerfung einer Beschränkung durch das Bundesverfassungsgericht die Gleichheit herzustellen vermag, oder ob die Verwerfung zu einer Umgestaltung des Normtextes führt und dies in die Gestaltungsfreiheit des Gesetzgebers eingreift, weil dieser womöglich eine andere Möglichkeit genutzt hätte, um den verfassungswidrigen Zustand zu beseitigen.

---

[166] Siehe PESTALOZZA, Verfassungsprozessrecht, § 20 Rn. 118; BVerfGE 8, 28 (36 f.).

[167] BVerfGE 22, 349 (362); siehe auch BVerfGE 81, 156 (200) mit der Erklärung, dass es „nicht ersichtlich (ist), dass der Gesetzgeber diesen Verfassungsverstoß in anderer Weise als durch Freistellung ... beseitigen könnte. Insoweit war daher die Norm ... für nichtig zu erklären"; siehe weiterhin BVerfGE 8, 28 (36 f.); 38, 187 (205 f.); 55, 100 (113 f.); 92, 91 (121 f.); 99, 88 (99 f.).

Sieht das Bundesverfassungsgericht in einem neuen Verfahren nunmehr mit den Nachweisen von Frau PAFFRATH, dass es in Wahrheit keinen Grund für die Ungleichbehandlung der vor und der nach 1949 Enteigneten gab, so bieten sich auch hier für die Korrektur des gleichheitswidrigen Begünstigungsausschlusses als Rechtsfolgen sowohl die Nichtigkeitserklärung als auch die Unvereinbarerklärung an. In seinem ersten Bodenreformurteil hat das Bundesverfassungsgericht mit Blick auf Art. 143 Abs. 3 GG bereits eine etwaige „Nichtigkeit" wegen Verstoßes gegen Art. 79 Abs. 3 GG geprüft. Von einem Ausspruch der Nichtigkeit – und nicht nur der bloßen Unvereinbarkeit – wäre bei entsprechender Feststellung durch das Bundesverfassungsgericht auch auszugehen. Art. 143 Abs. 3 GG bestimmt, dass „unabhängig von Absatz 1 und 2 ... Artikel 41 des Einigungsvertrags und Regelungen zu seiner Durchführung auch insoweit Bestand (haben), als sie vorsehen, dass Eingriffe in das Eigentum auf dem in Artikel 3 dieses Vertrags genannten Gebiet nicht mehr rückgängig gemacht werden". Art. 143 Abs. 3 GG vermeidet textlich die unmittelbare Bezugnahme auf das Modell der Vermögensfragen-Regelung. Ziel ist es vielmehr, den Gehalt des Art. 41 EV und damit die Kernaussagen der Gemeinsamen Erklärung „verfassungsrechtlich bestandskräftig" zu machen. Die Nichtrückgängigmachung der Eingriffe in das Eigentum aus den Jahren 1945 bis 1949 soll vor der Verfassung Bestand haben. Zeigt sich nunmehr, dass der Begünstigungsausschluss gleichheitswidrig ist, so lässt sich die Verfassungswidrigkeit der Verfassungsnorm des Art. 143 Abs. 3 GG nur mit Hilfe ihrer Nichtigerklärung beseitigen. Nur die mit einer Nichtigerklärung festgestellte Rechtslage, die Ungültigkeit der Norm, kommt als Regelungsalternative in Betracht, um das Problem der verfassungswidrigen Verfassungsnorm zu lösen. Einen anderen Weg für den verfassungsändernden Gesetzgeber eine verfassungsgemäße Neuregelung zu schaffen, gibt es nicht.

Gleiches gilt für die Regelung des Art. 41 Abs. 1 i.V.m. der Gemeinsamen Erklärung, soweit sie eine unterschiedliche Behandlung der vor und der nach 1949 Enteigneten vorsieht. Dass die Regelung eine Ungleichbehandlung statuiert, steht auch und gerade nach der Auslegung, die sie durch das Bundesverfassungsgericht gefunden hat, außer Frage.[168] Die Versuche, die in der Gemeinsamen Erklärung verwendete Formulierung „sind nicht mehr rückgängig zu machen" als bloße Sachverhaltsbeschreibung ohne eigenen normativen Gehalt zu deuten, haben sich vor dem Bundesverfassungsgericht als verfehlt erwiesen.[169]

---

[168] BVerfGE 94, 12 (34 f.).

[169] Vgl. SCHLIEFFEN, Das Ende der Legende, in: Sobotka (Hrsg.), Wiedergutmachungsverbot?, S. 378 (384). Ähnlich deutet SCHMIDT-JORTZIG noch in einem an HEIKO PETERS gerich-

Das Gericht hat die Gemeinsame Erklärung als Restitutionsausschluss zu Lasten der vor 1949 Enteigneten interpretiert.

Die Vorschrift des Art. 41 EV stellt, dies sei gleich erwähnt, in heutiger Sicht allerdings kein verfassungswidriges Verfassungsrecht, sondern verfassungswidriges Bundesrecht im Rang einfachen Gesetzesrechts dar. Als Vertrag zwischen der Bundesrepublik Deutschland und der Deutschen Demokratischen Republik über die Herstellung der Einheit Deutschlands hatte der Einigungsvertrag ursprünglich einen völkerrechtlich/staatsrechtlichen Doppelcharakter. Die völkerrechtliche Vertragsbeziehung ist mit der Wirkung des Beitritts der DDR zur Bundesrepublik Deutschland am 3. Oktober 1990 und damit dem Untergang der DDR als Völkerrechtssubjekt erloschen. In der juristischen Sekunde des Beitritts entstanden die neuen Bundesländer (s. Art. 1 EV). Von diesem Zeitpunkt an ist für die Rechtsbeziehungen zwischen den Bundesgebietsteilen allein das durch das Grundgesetz bestimmte Bundesstaatsrecht maßgeblich.[170] Mit Inkrafttreten des Einigungsvertrages gelten dessen Normen nach Art. 45 Abs. 2 EV als Bundesrecht im Rang eines Bundesgesetzes – mit Ausnahme derjenigen nach Art. 4 EV erfolgten Änderungen des Grundgesetzes, die Verfassungsrecht sind. Ein solcher Verfassungsrang ist Art. 41 EV jedoch nicht zuzusprechen.[171] Art. 41 EV ist ja nicht selbst verfassungsänderner Teil des Einigungsvertrages. Die Vorschrift ist durch Art. 143 Abs. 3 GG lediglich „für verfassungsrechtlich bestandskräftig erklärt".[172] Sie wird hierdurch verfassungsrechtlich abgesichert, ohne jedoch selbst verfassungsgesetzlichen Rang zu erhalten. Durch Absatz 1 des Art. 41 EV wurde die Gemeinsame Erklärung vom 15. Juni 1990 als Anlage III Bestandteil des Einigungsvertrages. Sie wurde damit von einer bloßen politischen Absichtserklärung in den Rang eines verbindlichen (Vertrags-)Rechts erhoben, deren Eckwerten die zur Regelung offener Vermögensfragen erlassenen

---

teten Brief vom 2. Februar 2004 die Gemeinsame Erklärung nicht als Restitutions-, sondern als bloßen „Revisionsausschluss", der einer Rückgabe nicht entgegen steht.

[170] Siehe hierzu auch STERN, Das Staatsrecht der Bundesrepublik Deutschland, Bd. V, S. 1975 ff.; IPSEN, Völkerrecht, 5. Kapitel, § 23 Rn. 67.

[171] Ebenso SCHWARZ, in: v. Mangoldt/Klein/Starck, GG, Bd. 3, Art. 143 Abs. 3 Rn. 27, 39 ff.; WENDT, in: Sachs, GG, Art. 143 Rn. 26; OSSENBÜHL, in: HStR IX, § 212 Rn. 54; STEINBERG, NJ 1991, 1 (6); BUSSE, DÖV 1991, 345 (351); WASMUTH, DÖV 1994, 986 (989); siehe auch STERN, in: Stern/Schmidt-Bleibtreu, Verträge und Rechtsakte zur Deutschen Einheit, Bd. 2, S. 44; PAPIER, in: HStR IX, § 213 Rn. 29; a.A. KIRN, in: v. Münch/Kunig, GG, Bd. 3, § 143 Rn. 18; UECHTNITZ, DVBl. 1995, 1158 (1166); BADURA, DVBl. 1990, 1256 (1260); siehe auch KG, VIZ 1992, 65 (67), das der Nr. 1 der Gemeinsamen Erklärung und Art. 41 Abs. 1 EV Verfassungsrang zuerkannt hat.

[172] BVerfGE 84, 90 (121 f.).

Rechtsvorschriften zu entsprechen hatten.[173] Dabei enthält die Gemeinsame Erklärung disparate Regelungsbereiche. Zum einen strebt sie mit Nr. 3 S. 1 im Grundsatz eine Reprivatisierung des Grund- und Unternehmereigentums an,[174] zum anderen sieht sie, gleichsam als Ausnahme von Nr. 3, mit Nr. 1 das Restitutionsverbot vor. Diesen gleichheitswidrigen Bestimmungen der Gemeinsamen Erklärung verleiht die Angabe in Art. 41 Abs. 1 EV, dass die Gemeinsame Erklärung als Anlage III Bestandteil des Einigungsvertrages ist, rechtliche Verbindlichkeit. Soweit Art. 41 Abs. 1 EV daher über die Gemeinsame Erklärung bestimmt, dass Enteignungen zwischen 1945 und 1949 unterschiedlich zu denen nach 1949 behandelt werden, und damit die gegensätzliche Behandlung der vor und der nach 1949 Enteigneten gleichsam zum Gesetzgebungsauftrag für den Gesetzgeber macht, ist sie als verfassungswidriges Verfassungsrecht aufzuheben. Nur ohne den über Art. 41 Abs. 1 EV gewonnenen rechtsverbindlichen Charakter der Gemeinsamen Erklärung hinsichtlich des Restitutionsausschlusses lässt sich ein gleichheitsgemäßer Zustand herstellen. Da anzunehmen ist, dass der Gesetzgeber bei Beachtung des Art. 3 GG den Restitutionsausschluss bzw. die gegensätzlichen Eckwerte nicht in einen rechtsverbindlichen Status erhoben hätte, ist von einer Teilnichtigerklärung (ohne Normtextreduzierung) des Art. 41 Abs. 1 EV auszugehen.[175]

Die gesetzestechnische Umsetzung der in Art. 41 Abs. 1 EV i.V.m. der Gemeinsamen Erklärung grundsätzlich getroffenen Eigentumsregelungen für die durchgeführten Enteignungen erfolgte vor allem im Gesetz zur Regelung offener Vermögensfragen (VermG).[176] Dieses Gesetz regelt im Grundsatz die Restituti-

---

[173] Vgl. hierzu BERKEMANN, in: Umbach/Clemens, GG, Bd. II, Art. 143 Abs. 3 Rn. 63 ff.; STERN, Das Staatsrecht der Bundesrepublik Deutschland, Bd. V, S. 2135 f.; SCHWARZ, in: v. Mangoldt/Klein/Starck, GG, Bd. 3, Art. 143 Abs. 3 Rn. 25.

[174] So heißt es in Nr. 3 S. 1 der Gemeinsamen Erklärung wörtlich: „Enteignetes Grundvermögen wird grundsätzlich unter Berücksichtigung der unter a) und b) genannten Fallgruppen den ehemaligen Eigentümern oder ihren Erben zurückgegeben."

[175] Siehe zur Teilnichtigkeit etwa auch SCHLAICH/KORIOTH, Das Bundesverfassungsgericht, Rn. 384 ff.; KLEIN, in: Benda/Klein, Verfassungsprozessrecht, Rn. 1262 ff.

[176] Siehe bereits Fn. 68.
Bei den Regelungen zur Durchführung des Art. 41 EV handelt es sich im Wesentlichen noch um die folgenden weiteren Gesetze: Das Gesetz über besondere Investitionen in der Deutschen Demokratischen Republik (InvG) v. 23.09.1990 (BGBl. 1990 II, S. 1157), aufgegangen in dem Investitionsvorranggesetz (InVorG) v. 14.07.1992, das Gesetz über die Entschädigung nach dem Gesetz zur Regelung offener Vermögensfragen und über staatliche Ausgleichsleistungen für Enteignungen auf besatzungsrechtlicher oder besatzungshoheitlicher Grundlage (Entschädigungs- und Ausgleichsleistungsgesetz – EALG) v. 27.09.1994 (BGBl. I,

on von in rechtsstaatswidriger Weise entzogenen Vermögenswerten. Gemeinhin wurde für dieses Grundprinzip des Gesetzes, den Restitutionsgrundsatz (s. § 3 VermG), die Formel „Rückgabe vor Entschädigung" geprägt.[177] Im Vordergrund stehen dabei die Eigentumsentziehungen, die zwischen dem 7. Oktober 1949 und dem 3. Oktober 1990 erfolgten. Ausgenommen von der Restitution sind gemäß § 1 Abs. 8 a VermG Enteignungen auf besatzungsrechtlicher und besatzungshoheitlicher Grundlage.[178] Damit wiederholt § 1 Abs. 8 a VermG inhaltsgleich den in Art. 41 Abs. 1 EV i.V.m. Nr. 1 S. 1 der Gemeinsamen Erklärung vereinbarten absoluten Restitutionsausschluss für den Zeitraum 1945 bis 1949 und setzt ihn gleichsam einfachgesetzlich um. § 1 Abs. 8 a VermG dient im Sinne des Art. 143 Abs. 3 GG der Durchführung der in Art. 41 Abs. 1 EV i.V.m. Nr. 1 S. 1 der Gemeinsamen Erklärung getroffenen Regelung. Kommt das Bundesverfassungsgericht in einem neuen Verfahren aufgrund der vorgetragenen neuen Tatsachen nunmehr zu der Feststellung, dass die Nichteinbeziehung der vor 1949 durchgeführten Enteignungen in den Grundsatz der Rückgabe gegen das Gleichheitsgebot verstößt, so würde jedoch eine Aufhebung der gleichheitswidrigen Benachteiligung nach dem VermG durch einen gerichtlichen Ausspruch der Nichtigkeit das Problem nicht lösen. Dabei ist zu berücksichtigen, dass die Verfassungswidrigkeit der Norm nicht aus sich heraus folgt, sondern erst aus dem Zusammenspiel mit anderen Normen, die gleichheitswidrig anderen Personen Vergünstigungen gewähren, die den von der verfassungswidrigen Norm Betroffenen vorenthalten bleiben. Die Nichtigkeit der nicht begünstigenden Norm würde den Verfassungsverstoß zwar heilen, dabei würde das Gericht aber der Wahl des Gesetzgebers vorgreifen, der bei Gleichheitsverstößen grundsätzlich mehrere Möglichkeiten zur Herstellung der Gleichbehandlung hat.[179] Die Gleichheit hinsichtlich der vermögensrechtlichen Ansprüche ließe sich ja nicht nur dadurch herstellen, dass mit Aufhebung des § 1 Abs. 8 a VermG der Geltungsbereich des Gesetzes auch auf Enteignungen auf besatzungsrechtlicher und besatzungshoheitlicher Grundlage erstreckt würde. Vielmehr könnte ein Weg der Heilung auch darin bestehen, dass dem Gleichheitsgebot durch eine Neuregelung in anderer Weise Rechnung getragen wird. So ist ja nicht auszu-

---

S. 2624), zuletzt geändert durch das Entschädigungsrechtsänderungsgesetz (EntschRÄndG) v. 10.12.2003 (BGBl. I, S. 2471) sowie das Treuhandgesetz v. 17.06.1990 (GBl. I, S. 300).

[177] Vgl. hierzu auch STERN, Das Staatsrecht der Bundesrepublik Deutschland, Bd. V, S. 2138.

[178] In § 1 Abs. 8 a VermG heißt es wörtlich: „Dieses Gesetz gilt vorbehaltlich seiner Bestimmungen über Zuständigkeiten und Verfahren nicht für Enteignungen von Vermögenswerten auf besatzungsrechtlicher oder besatzungshoheitlicher Grundlage;...".

[179] BVerfGE 105, 73 (133).

schließen, dass der Gesetzgeber die Rückgabe bei Kenntnis von dem Gleichheitsverstoß bei absolutem Restitutionsausschluss für die Enteignungen zwischen 1945 und 1949 grundsätzlich anders ausgestaltet hätte, indem er an jede Rückgabe bestimmte Voraussetzungen wie bspw. eine monetäre Gegenleistung geknüpft hätte. Welche Möglichkeit bei Feststellung der gleichheitswidrigen Benachteiligung der vor 1949 Enteigneten gewählt werden soll, liegt, wie oben ausgeführt, im Gestaltungsermessen des Gesetzgebers, der dabei bestehende verfassungsrechtliche Vorgaben zu berücksichtigen hat. Diesem Gestaltungsermessen würde das Bundesverfassungsgericht durch eine Umgestaltung des gleichheitswidrigen Begünstigungsausschlusses unzulässigerweise vorgreifen. Ihm bliebe daher nur, den Gleichheitsverstoß festzustellen und die Herstellung eines gleichheitsgemäßen Zustandes dem Gesetzgeber zu überlassen.

Gleiches gilt im Übrigen auch für andere der Wahrung des im VermG festgeschriebenen Restitutionsausschlusses dienende Vorschriften wie § 1 Abs. 1 S. 3 des verwaltungsrechtlichen Rehabilitierungsgesetzes,[180] wonach eine verwaltungsrechtliche Rehabilitierung u.a. im Fall des § 1 Abs. 8 a VermG ausgeschlossen ist. Auch diese Vorschrift verstieße bei Feststellung aufgrund neu vorgetragener Tatsachen, dass es keinen Grund gab, diejenigen, die zwischen 1945 und 1949 enteignet wurden gegenüber den nach 1949 Enteigneten schlechter zu stellen, gegen das Gleichheitsgebot. Auch hier gilt: „Der Verstoß gegen den Gleichheitssatz führt zu einer bloßen Unvereinbarerklärung, weil die Gleichheitswidrigkeit nicht zu bestimmten Folgerungen zwingt, der Gesetzgeber vielmehr mehrere Möglichkeiten hat, den verfassungswidrigen Zustand zu beseitigen."[181]

Mit Blick auf das in Erfüllung des Art. 41 Abs. 1 EV i.V.m. Nr. 1 S. 4 der Gemeinsamen Erklärung erlassene Ausgleichsleistungsgesetz[182] ist im Falle der

---

[180] Verwaltungsrechtliches Rehabilitierungsgesetz (VwRehaG) v. 23.06.1994 (BGBl. I, S. 1311), zuletzt geändert durch Art. 2 des Gesetzes vom 22.12.2003 (BGBl. I, S. 2834). Nach diesem Gesetz können schlechthin rechtsstaatswidrige Verwaltungsmaßnahmen aufgehoben werden, wenn durch sie in bestimmte Rechtsgüter eingegriffen wurde und die Folgen dieses Eingriffs noch schwer und unzumutbar fortwirken.

[181] BVerfGE 93, 121 (148).

[182] Gesetz über staatliche Ausgleichsleistungen für Enteignungen auf besatzungsrechtlicher oder besatzungshoheitlicher Grundlage, die nicht mehr rückgängig gemacht werden können (AusglLeistG) v. 27.09.1994 (BGBl. I, S. 2624 (2628)), zuletzt geändert durch Art. 1 a des Entschädigungsrechtsänderungsgesetzes v. 10.12.2003 (BGBl. I, S. 2471 (2472)).
In Nr. 1 S. 4 der Gemeinsamen Erklärung heißt es: „Sie [gemeint ist die Regierung der Bundesrepublik Deutschland] ist der Auffassung, dass einem künftigen gesamtdeutschen Par-

Überzeugung des Bundesverfassungsgerichts von einem Gleichheitsverstoß durch den absoluten Restitutionsausschluss in einem neuen Verfahren wiederum von einem Ausspruch der Nichtigkeit der Regelung auszugehen. Die bloße Unvereinbarerklärung würde ja, wie aufgezeigt, voraussetzen, dass dem Gesetzgeber mehrere Möglichkeiten zur Verfügung stehen, eine verfassungsgemäße Neuregelung zu treffen. Daran aber würde es fehlen. Das Ausgleichsleistungsgesetz normiert Ausgleichsleistungen für die vor 1949 erfolgten Enteignungen auf besatzungsrechtlicher oder besatzungshoheitlicher Grundlage, die nach Nr. 1 S. 1 der Gemeinsamen Erklärung nicht mehr rückgängig gemacht werden. In Kompensation des nicht zugestandenen Rückgabeanspruchs werden den betroffenen Eigentümern Ausgleichsleistungen eingeräumt. Art und Höhe der Ausgleichsleistung richtet sich dabei gemäß § 2 AusglLeistG nach den Vorschriften des Entschädigungsgesetzes[183], das für diejenigen unter den Grundsatz der Rückgabe nach dem VermG fallenden Eigentümer gilt, die entweder aus den im VermG genannten Ausschlusstatbeständen ihre Vermögensgüter nicht mehr zurückerhalten können oder anstatt der Restitution eine Entschädigung gewählt haben. Das Bundesverfassungsgericht hat zwar die Frage, ob hinsichtlich der zwischen 1945 und 1949 erfolgten Enteignungen eine verfassungsrechtliche Pflicht des Gesetzgebers besteht, eine Wiedergutmachung einzuführen, ausdrücklich unentschieden gelassen.[184] Es sieht bezüglich der Frage der Notwendigkeit von Ausgleichsleistungen den Gesetzgeber jedoch durch das Gleichbehandlungsgebot des Art. 3 Abs. 1 GG gebunden. Daraus leitet es die Verpflichtung für den Gesetzgeber ab, überhaupt eine Ausgleichsleistung zugunsten der von der Restitution Ausgeschlossenen zu treffen. So dürfe der Gesetzgeber „nicht jegliche Wiedergutmachung ausschließen", wenn er für die späteren Enteignungen „eine Wiedergutmachungsregelung getroffen hat, die vom Grundsatz der Rückgabe der enteigneten Objekte ausgeht, was auch für die Höhe der anstelle einer Restitution zu gewährenden Entschädigung von Bedeutung sein kann".[185] Findet sich jedoch für eine Unterscheidung der Enteignungen vor 1949 und derjenigen nach 1949 kein tragendes Kriterium und ist damit von der Verfassungswidrigkeit des Restitutionsausschlusses auszugehen, so wird die gesonderte Regelung von

---

lament eine abschließende Entscheidung über etwaige staatliche Ausgleichsleistungen vorbehalten bleiben muss."

[183] Gesetz über die Entschädigung nach dem Gesetz zur Regelung offener Vermögensfragen (EntschG) v. 27.09.1994 (BGBl. I, S. 2471), zuletzt geändert durch Art. 1 des Entschädigungsrechtsänderungsgesetzes v. 10.12.2003 (BGBl. I, S. 2471 (2472)).

[184] BVerfGE 84, 90 (126), siehe hierzu bereits auch oben unter B. 1. d).

[185] BVerfGE 84, 90 (129).

Ausgleichsleistungen hinfällig. Die unterschiedliche Form der Wiedergutmachung findet keine verfassungsrechtliche Stütze mehr. Vielmehr bedeutet in diesem Fall die Bindung des Gesetzgebers bei der gesamten Wiedergutmachung an den allgemeinen Gleichheitssatz, dass er die Differenzierung in „Entschädigung" und „Ausgleichsleistung" aufzuheben hat. So bleibt bei Feststellung der Verfassungswidrigkeit des generellen Restitutionsausschlusses nur die Möglichkeit, eine Wiedergutmachungs-Gleichheit unter den vor und den nach 1949 Enteigneten dadurch herzustellen, dass die derzeit unter das Ausgleichsleistungsgesetz Fallenden und von der Gewährung einer Entschädigung nach dem Entschädigungsgesetz Ausgenommenen vom Grundsatz her der Gruppe der Entschädigungsberechtigten zugeordnet werden.[186] Hierfür aber ist die Aufhebung der ge-

---

[186] In diesem Zusammenhang ist mit Blick auf die Höhe der Entschädigung allerdings darauf hinzuweisen, dass trotz der Entscheidung des Bundesverfassungsgerichts, indem es, bei dissentierender Auffassung, die Verfassungsmäßigkeit der Regelungen des EALG bejaht hat (BVerfGE 102, 254 (297 ff.)), die Wertdifferenz zwischen den zurückzugebenden Grundstücken und den nach dem EALG gekürzten Ersatzansprüchen nur schwer mit Art. 3 Abs. 1 GG zu vereinbaren ist. So richtet sich zwar bei Grundstücken die Bemessungsgrundlage an einem Vielfachen des früheren Einheitswerts von 1935 aus. Die insbesondere nach § 7 EntschG von der Höhe der Entschädigung abhängige Kürzung – verstanden als soziale Degression – gleicht vielfach jedoch einem Härteausgleich. Übersteigt hiernach die Gesamtsumme der errechneten Entschädigung 10.000 DM, so wird der Betrag mit zunehmender Höhe gekürzt, ab 3 Mio. DM um 95 %. Hinzu kommt ein Hinausschieben der Fälligkeit. Der Entschädigungsanspruch wird nach § 1 Abs. 1 EntschG erfüllt durch die Zuteilung von Schuldverschreibungen eines Entschädigungsfonds, die ab dem 01. Januar 2004 mit 6 % verzinst und vom Jahr 2004 an in fünf gleichen Jahresraten durch Auslosung – erstmals zum 01. Januar 2004 – getilgt werden. Nach Auffassung des Gerichts liegen sachlich einleuchtende Gründe vor, die eine wertmäßige Ungleichbehandlung der Restitutionsberechtigten im Vergleich zu den Entschädigungsberechtigten rechtfertigen (BVerfGE 102, 254 (302 ff.; 322 ff.)). So sind vier Richter der Ansicht, dass sich der Gesetzgeber bei der Höhe der Entschädigung nicht am Verkehrswert des verloren gegangenen Vermögens habe orientieren müssen. Er habe auch andere durch Unrechtshandlungen an Freiheit, Gesundheit oder Vermögen Geschädigte in sein Wiedergutmachungskonzept einbeziehen dürfen. Demgegenüber betont das Sondervotum der Richter PAPIER, HAAS, HÖMIG und STEINER (BVerfGE 102, 254 (314 ff.)): „Zwar kann ... nichts dagegen eingewandt werden, dass sich Restitution und Entschädigung nach dem Entschädigungsgesetz wertmäßig nicht voll entsprechen. ... Verfassungsrechtlich unabdingbar ist jedoch, dass die Entschädigung im praktisch wichtigsten Bereich der Wiedergutmachung noch einen realen Bezug zum tatsächlichen Wert des entzogenen und nicht mehr rückgebbaren Vermögensgegenstands hat. ... Das setzt nicht nur voraus, dass die Entschädigung am Verkehrswert der nicht mehr restituierbaren Vermögensobjekte ausgerichtet wird .... Erforderlich ist vielmehr ..., dass zwischen Entschädigung und diesem Verkehrswert in der Masse der typischen Wiedergutmachungsfälle tatsächlich noch ein erkennbarer wertmäßiger Zusammenhang besteht." Dem ist vollumfänglich zuzustimmen. Vgl. zur Problematik der Entschädigungshö-

sonderten Ausgleichsregelungen nach dem Ausgleichsleistungsgesetz notwendig. Nur mit der Aufhebung des Ausgleichsleistungsgesetzes lässt sich die gebotene Gleichbehandlung der vor und der nach 1949 Enteigneten wieder herstellen. Dies schließt nicht aus, dass weitere Differenzierungen innerhalb der Gruppe der zu Entschädigenden vorgenommen werden können.

c) Wirkungen der Entscheidung

Erfolgt die Erklärung der Verfassungswidrigkeit einer Norm im (Urteils-) Verfassungsbeschwerdeverfahren, so hebt das Bundesverfassungsgericht gemäß § 95 Abs. 2, Abs. 3 S. 2 BVerfGG die angegriffene Entscheidung, die Beschwerdegegenstand war und die auf der mit dem Grundgesetz unvereinbaren Norm beruht, auf. Dabei verweist es, wenn ein Rechtsweg beschritten war (s. § 90 Abs. 2 S. 1 BVerfGG), die Sache an das zuständige Gericht zurück. Dieses hat unter Bindung an die Rechtsauffassung des Bundesverfassungsgerichts zu entscheiden. Ebenso ist das Gericht des Anlassfalls bei einem konkreten Normenkontrollverfahren an die Rechtsauffassung des Bundesverfassungsgerichts gebunden. Die Entscheidung der Nichtig- bzw. Unvereinbarkeit der vom Bundesverfassungsgericht überprüften Norm bedeutet für sämtliche Behörden und Gerichte ein grundsätzliches Anwendungsverbot der entsprechenden Vorschrift.[187] Dabei hat die Entscheidung mit ihrer Verkündung nach § 31 Abs. 2 S. 1 BVerfGG „Gesetzeskraft". Sie hat damit Wirkung inter omnes, d.h. niemand mehr kann sich auf die Gültigkeit bzw. Verfassungsmäßigkeit der entsprechenden Norm berufen.[188]

Hinsichtlich bereits abgewickelter, unanfechtbar gewordener gerichtlicher Entscheidungen gilt § 79 Abs. 2 BVerfGG. Diese Regelung ist trotz ihres Wortlauts, der nur von „für nichtig erklärten Normen" spricht, nicht nur auf Nichtig-,

---

he auch WENDT, in: Sachs, GG, Art. 143 Rn. 38 ff.; KIRN, in: v. Münch/Kunig, GG, Bd. 3, Art. 143 Rn. 21 ff.; BERKEMANN, in: Umbach/Clemens, GG, Bd. II, Art. 143 Abs. 3 Rn. 102 ff., 117 ff.; SCHWARZ, in: v. Mangoldt/Klein/Starck, GG, Bd. 3, Art. 143 Abs. 3 Rn. 62 ff.; OSSENBÜHL, in: HStR IX, § 212 Rn. 108 ff., sämtliche mit zahlreichen weiteren Nachweisen.

[187] BVerfGE 37, 217 (261); 55, 100 (110); 61, 319 (356); 92, 53 (73).

[188] Vgl. hierzu SCHLAICH/KORIOTH, Das Bundesverfassungsgericht, Rn. 495 ff.; PESTALOZZA, Verfassungsprozessrecht, § 20 Rn. 94 ff.; KLEIN, in: Benda/Klein, Verfassungsprozessrecht, Rn. 1309 ff.; RENNERT, in: Umbach/Clemens, BVerfGG, § 31 Rn. 100 ff.

sondern auch auf Unvereinbarerklärungen anwendbar.[189] Nach § 79 Abs. 2 BVerfGG bleiben für den Fall einer für nichtig bzw. unvereinbar erklärten Norm die nicht mehr anfechtbaren Entscheidungen, die auf dieser Norm beruhen, unberührt. Ihre Bestands- und Rechtskraft soll sich nicht ändern. Die Regelung des § 79 Abs. 2 BVerfGG hat das Bundesverfassungsgericht dahingehend zusammengefasst, „dass die nachteiligen Wirkungen, die von fehlerhaften Akten der öffentlichen Gewalt in der Vergangenheit ausgegangen sind, nicht beseitigt werden, dass aber für die Zukunft die sich aus der Durchsetzung solcher Akte ergebenden Folgen abgewendet werden sollen".[190] § 79 Abs. 2 BVerfGG statuiert also ein Rückabwicklungsverbot und trifft damit einen Kompromiss zwischen materieller Gerechtigkeit und Erhaltung des Rechtsfriedens.

Da zu den „Entscheidungen" nach § 79 Abs. 2 BVerfGG auch behördliche Entscheidungen zählen,[191] folgt aus § 79 Abs. 2 BVerfGG, dass auch auf den für nichtig festgestellten Normen bereits beruhende unanfechtbare Verwaltungsakte grundsätzlich unberührt bleiben. Eine Wiederaufnahme des Verfahrens nach § 51 VwVfG mit dem Ziel, die Aufhebung eines bestandskräftigen belastenden Verwaltungsaktes zu erreichen und eine Neuentscheidung in der Sache herbeizuführen, ist daher nicht möglich. Die Nichtigerklärung der zugrunde liegenden Norm bedeutet keine Änderung der Rechtslage im Sinne des § 51 Abs. 1 Nr. 1 VwVfG.[192] Die Entscheidung wirkt nicht verändernd auf die Rechtslage ein, sondern bestätigt die unverändert gebliebene Rechtslage, nämlich die ex-tunc-Nichtigkeit der Norm.[193] Eine Behörde, die im Rahmen eines Verwaltungsaktes bereits ablehnend über eine Restitutionsmöglichkeit für vor 1949 durchgeführte Enteignungen entschieden hat, ist daher nicht verpflichtet, bei Nichtigerklärung einer Norm gemäß § 51 VwVfG ein bereits abgeschlossenes Verwaltungsver-

---

[189] BVerfGE 37, 217 (262 f.); 81, 363 (384); 94, 241 (266 f.); 99, 165 (184); LECHNER/ZUCK, BVerfGG, § 79 Rn. 10; a.A. PESTALOZZA, Verfassungsprozessrecht, § 20 Rn. 77; SCHLAICH/ KORIOTH, Das Bundesverfassungsgericht, Rn. 427.

[190] BVerfGE 37, 217 (263) mit Verweis auf BVerfGE 20, 230 (236); vgl. auch BVerfGE 53, 115 (131); 101, 1 (44 f.).

[191] Siehe etwa LECHNER/ZUCK, BVerfGG, § 79 Rn. 7; PESTALOZZA, Verfassungsprozessrecht, § 20 Rn. 76.

[192] § 51 Abs. 1 Nr. 1 VwVfG lautet: „Die Behörde hat auf Antrag des Betroffenen über die Aufhebung oder Änderung eines unanfechtbaren Verwaltungsaktes zu entscheiden, wenn sich die dem Verwaltungsakt zugrunde liegende Sach- oder Rechtslage nachträglich zugunsten des Betroffenen geändert hat".

[193] Vgl. KOPP/RAMSAUER, VwVfG, § 51 Rn. 30; SACHS, in: Stelkens/Bonk/Sachs, VwVfG, § 51 Rn. 102; SCHÄFER, in: Obermeyer, VwVfG, § 51 Rn. 52; vgl. auch SCHLAICH/KORIOTH, Das Bundesverfassungsgericht, Rn. 392.

fahren wieder aufzugreifen. Nicht ausgeschlossen ist allerdings die Möglichkeit, dass die Nichtigerklärung einer für den unanfechtbaren Verwaltungsakt maßgeblichen Restitutions-Norm im Rahmen einer ermessensgerechten Ausübung des Rechts aus § 48 Abs. 1 VwVfG Beachtung findet. § 79 Abs. 2 BVerfGG verleiht den Verwaltungsentscheidungen keine größere Bestandskraft, als ihnen nach den einschlägigen Vorschriften zukommt. Sie sichert vielmehr nur, dass ihre Bestandskraft nicht automatisch mit Vorliegen einer gerichtlichen Nichtigkeitsentscheidung vermindert wird. Daher kann es einer Behörde nicht versagt sein, gerade im besonders schwerwiegenden Fall der Nichtigkeit einer Ermächtigungsnorm von sich aus den unanfechtbaren Verwaltungsakt rückgängig zu machen.[194]

---

[194] Vgl. hierzu SACHS, in: Stelkens/Bonk/Sachs, VwVfG, § 51 Rn. 104 mit zahlreichen Nachweisen; PESTALOZZA, Verfassungsprozessrecht, § 20 Rn. 77; KLEIN, in: Benda/Klein, Verfassungsprozessrecht, Rn. 1255; SCHLAICH/KORIOTH, Das Bundesverfassungsgericht, Rn. 391 f.

E. Handlungsmöglichkeiten zur Wiederherstellung des Rechtsfriedens

1. Neue Tatsachen bringen das Kausalkonstrukt des Bundesverfassungsgerichts zum Einsturz

Mit seinem zweiten Bodenreformurteil bekräftigte das Bundesverfassungsgericht die im ersten Bodenreformurteil vertretene Auffassung, dass der durch Art. 143 Abs. 3 GG für bestandskräftig erklärte absolute Restitutionsausschluss für die vor 1949 durchgeführten Enteignungen von Verfassungs wegen nicht zu beanstanden ist.[195]

Wie ausgeführt, will Art. 143 Abs. 3 GG, der durch das Zustimmungsgesetz zum Einigungsvertrag in Verbindung mit Art. 4 Nr. 5 EV in das Grundgesetz eingefügt worden ist, sicherstellen, dass Art. 41 EV und Regelungen zu seiner Durchführung auch insoweit Bestand haben, als damit Eingriffe in das Eigentum verbunden sind.[196] Durch die Bezugnahme auf Art. 41 EV ist Art. 143 Abs. 3 GG zwar ausschließlich eigentumsbezogen.[197] Die Eigentumsgarantie des Art. 14 GG erfasst er aber gerade nicht. Denn eine rückwirkende Geltung der Eigentumsgarantie kommt nicht in Betracht. Da das Grundgesetz nur die von ihm verfasste Staatsgewalt bindet,[198] gilt die Eigentumsgewährleistung nur für Akte, die von der durch das Grundgesetz konstituierten und legitimierten öffentlichen Gewalt ausgehen.[199] Die Eigentumsgarantie des Art. 14 GG war daher bis zum Beitritt der früheren DDR auf das Gebiet der westdeutschen Bundesländer beschränkt. Dem entsprechen auch die Ausführungen des Bundesverfassungsgerichts in seinem ersten Bodenreformurteil, wenn es feststellt, dass die Enteignungen im Gebiet der sowjetischen Besatzungszone Deutschlands bzw. der früheren DDR, unabhängig davon, von wem sie vorgenommen wurden, „nicht dem Verantwortungsbereich der dem Grundgesetz verpflichteten Staatsgewalt der

---

[195] Leitsatz BVerfGE 94, 12 ff.; siehe hierzu auch schon oben unter B. 2.
[196] Siehe hierzu auch schon oben unter B. 1.
[197] Siehe BERKEMANN, in: Umbach/Clemens, GG, Bd. II, Art. 143 Abs. 3 Rn. 49 m.w.N.
[198] BVerfGE 22, 293 (297); 58, 1 (26).
[199] Vgl. hierzu PAPIER, in: HStR IX, § 213 Rn. 38; DERS., NJW 1991, 193 (195); DERS., in: Festschrift Carl Heymanns Verlag, S. 147 (153); BADURA, DVBl. 1990, 1256 (1261); DERS., Staatsrecht, L Rn. 26.

64 Handlungsmöglichkeiten zur Wiederherstellung des Rechtsfriedens

Bundesrepublik Deutschland zugerechnet werden" können.[200] Verfassungspolitisches Ziel des Art. 143 Abs. 3 GG ist es daher, solche Eigentumseingriffe zu bestätigen, die, weil sie außerhalb rechtsstaatlicher Grundsätze erfolgten, nicht mit Art. 14 und Art. 15 GG zu vereinbaren gewesen wären.[201] Maßgebend für das in Art. 143 Abs. 3 GG erwähnte Eingriffsobjekt „Eigentum" ist damit auch nicht der vom Bundesverfassungsgericht entwickelte Eigentumsbegriff des Art. 14 Abs. 1 S. 1 GG. Vielmehr ist jeder „natürliche" Vermögenswert gemeint,[202] wobei sich aus der Bezugnahme auf Art. 41 i.V.m. Nr. 1 und Nr. 3 der Gemeinsamen Erklärung ergibt, dass es sich um Grund und Boden sowie um Gewerbe-/Industriebetriebe handelt.

a) Bisherige Begründungskette des Bundesverfassungsgerichts

Da der in Art. 41 Abs. 1 EV i.V.m. Nr. 1 S. 1 der Gemeinsamen Erklärung enthaltene Restitutionsausschluss sowie Regelungen zu seiner Durchführung durch Abs. 3 des Art. 143 GG ausdrücklich für verfassungsrechtlich bestandskräftig erklärt worden sind, konnten verfassungsrechtliche Bedenken nur insoweit bestehen, als ein Verstoß der Verfassungsänderung selbst als verfassungswidriges Verfassungsrecht gegen das Grundgesetz in Betracht kommen könnte. Alleiniger Prüfungsmaßstab für das Bundesverfassungsgericht wurde damit Art. 79 Abs. 3 GG, der Verfassungsänderungen verbietet, durch welche die in Art. 1 und Art. 20 GG niedergelegten Grundsätze berührt werden, wozu auch die Grundelemente des Gleichheitssatzes zählen.[203]

In der Tatsache, dass bei entschädigungslosen Enteignungen, die nicht auf besatzungsrechtlicher bzw. besatzungshoheitlicher Grundlage (1945 - 1949) erfolgten, der Grundsatz der Rückgabe der enteigneten Objekte gilt (§ 3 Abs. 1, § 4 VermG), sah das Bundesverfassungsgericht jedoch keine Verletzung der Grundelemente des Gleichheitssatzes.[204] Gestützt auf den Tatsachenvortrag der Bundesregierung und ihre deutschlandpolitische Notstandsthese bejahte es vielmehr eine hinreichende Rechtfertigung für die substantiell unterschiedliche Behandlung von Eigentümern, die ihre Vermögenswerte vor 1949, und solchen, die

---

[200] BVerfGE 84, 90 (122).
[201] Vgl. SCHWARZ, in: v. Mangoldt/Klein/Starck, GG, Bd. 3, § 143 Abs. 3 Rn. 25; STERN, Das Staatsrecht der Bundesrepublik Deutschland, Bd. V, S. 1946.
[202] Siehe BERKEMANN, in: Umbach/Clemens, GG, Bd. 2, Art. 143 Abs. 3 Rn. 52.
[203] Siehe hierzu bereits oben unter B. 1. c) (1).
[204] BVerfGE 84, 90 (127 f.); 94, 12 (34 ff.).

sie nach 1949 durch Enteignungsmaßnahmen verloren hatten. So stellte es als Grund für den grundsätzlichen Ausschluss der Wiedergutmachung in der Form einer Restitution für die vor 1949 enteigneten Vermögenswerte die Herbeiführung der Wiedervereinigung fest, die – wie es als tatsächliche Entscheidungsgrundlage festhielt – nach der pflichtgemäßen Einschätzung der Bundesregierung ohne die Festschreibung des Restitutionsausschlusses nicht hätte verwirklicht werden können. Nach dem Wortlaut der Entscheidungen kann dieser Grund nicht hinweggedacht werden, ohne dass die Urteile nicht in dieser Weise erfolgten.

b) Kein Grund für die Ungleichbehandlung

Gerade dieser Grund für die substantiell unterschiedliche Behandlung der vor und der nach 1949 Enteigneten entfällt aber mit der Untersuchung von Frau PAFFRATH. Danach hat es weder eine sowjetische Forderung nach Nichtrückgabe des während ihrer Besatzungszeit konfiszierten Vermögens gegeben, noch konnte es eine pflichtgemäße Einschätzung der Verhandlungslage durch die Bundesregierung geben – hatte sie sich doch selbst die Nichtrückgabe zum Ziel gesetzt. Weder bestand also eine Zwangslage „Restitutionsausschluss oder keine Wiedervereinigung" noch konnte die Bundesregierung, woran sie bis heute festhält, zu einer solchen Einschätzung kommen. Die Bundesregierung erlag keiner Fehleinschätzung, vielmehr hat sie, so Frau PAFFRATH, die Öffentlichkeit über das (Nicht-)Bestehen einer Zwangslage getäuscht.

Damit aber gibt es, der Argumentation des Bundesverfassungsgerichts folgend, keinen sachgerechten Grund, dem Restitutionsausschluss für die Enteignungen vor 1949 den Vorrang vor einer Gleichbehandlung aller Enteignungen einzuräumen und ihn in Art. 143 Abs. 3 GG verfassungsrechtlich abzusichern. Denn ohne bestehende Zwangslage bzw. die Möglichkeit einer pflichtgemäßen Einschätzung der Verhandlungslage bestand und besteht keine hinreichende Rechtfertigung, die Rückgabe der vor 1949 enteigneten Vermögenswerte gegenüber denen nach 1949 grundsätzlich zu versagen und die auf dem Gebiet der ehemaligen DDR durchgeführten Enteignungen damit gegensätzlich zu behandeln. Vielmehr werden durch die unterschiedliche Behandlung der vor und der nach 1949 Enteigneten die nach Art. 79 Abs. 3 GG unantastbaren Grundelemente des Gleichheitssatzes verletzt. Dies aber hat zur Folge, dass Art. 143 Abs. 3 GG, wie oben ausgeführt, verfassungswidrig und damit als verfassungswidriges Verfassungsrecht für nichtig zu erklären ist. Seine Verfassungswidrigkeit führt mit der Begründungskette des Bundesverfassungsgerichts[205] unausweichlich zur Verfassungswidrigkeit der in Art. 41 Abs. 1 EV i.V.m. Nr. 1 S. 1 der Gemeinsamen Erklärung enthaltenen Regelung und der zu ihrer Durchführung bestimmten Vorschriften, nach denen die Enteignungen auf besatzungsrechtlicher oder besatzungshoheitlicher Grundlage (1945 bis 1949) nicht mehr rückgängig zu machen sind. Sie erhalten ihre verfassungsmäßige Bestandskraft alleine durch Art. 143 Abs. 3 GG. Die Begründungskette des Bundesverfassungsgerichts fällt damit bei nicht existierendem Grund für die im Restitutionsausschluss liegende substantielle Ungleichbehandlung der Enteigneten gleich einem Dominoeffekt in sich zusammen.

c) Keine sonstigen Differenzierungsgründe

Hinweise auf einen anderen etwa noch in Betracht kommenden sachlichen Rechtfertigungsgrund für die substantielle Ungleichbehandlung als den, dass sowohl die DDR als auch die Sowjetunion auf die Einführung des Restitutionsausschlusses bestanden hätten bzw. die Bundesregierung nach ihrer pflichtgemäßen Lageeinschätzung davon ausgehen durfte, auf diese Bedingung zur Herstellung der Einheit Deutschlands eingehen zu müssen, nennt das Bundesverfassungsgericht im Übrigen nicht.[206]

(1) Das Jahr 1949 als Zäsur

Dies gilt auch für das an anderer Stelle vom Bundesverfassungsgericht genannte Argument eines vorliegenden zeitlichen Abstands. So weist das Gericht im Rahmen seiner Ausführungen zu den nach Art. 41 Abs. 1 EV i.V.m. Nr. 1 S. 4 der Gemeinsamen Erklärung vorgesehenen staatlichen Ausgleichsleistungen für die unter den Restitutionsausschluss fallenden Enteignungen[207] darauf hin,

---

[205] So heißt es in der Begründetheitsprüfung des Bundesverfassungsgerichts wörtlich: „Die genannte Regelung [gemeint ist Art. 41 Abs. 1 EV i.V.m. Nr. 1 S. 1 der Gemeinsamen Erklärung] ist durch Absatz 3 des gemäß Art. 4 Nr. 5 EV in das Grundgesetz eingefügten Art. 143 GG ausdrücklich für verfassungsrechtlich bestandskräftig erklärt worden. Sie könnte daher nur dann gegen die Verfassung – und damit auch gegen die als verletzt gerügten Grundrechte – verstoßen, wenn Art. 143 Abs. 3 GG seinerseits nichtig wäre."

[206] HERZOG, in: Sobotka, Wiedergutmachungsverbot?, S. 153 (158) ist allerdings der Ansicht, dass sich Gründe, welche die Ungleichbehandlung als gerechtfertigt erscheinen lassen, wahrscheinlich aus mehreren Gesichtspunkten hätten finden lassen, das Bundesverfassungsgericht aus ihnen nur den herausgegriffen habe, „der am deutlichsten ins Auge sprang".

[207] Siehe zum Wortlaut der Nr. 1 S. 4 der Gemeinsamen Erklärung bereits Fn. 182.

dass der größere zeitliche Abstand der zwischen 1945 und 1949 erfolgten Enteignungen im Vergleich zu den nach 1949 erfolgten Enteignungsmaßnahmen für eine differenzierte Behandlung der Ausgleichsleistung herangezogen werden könne.[208] Zeitliche Zäsuren des Gesetzgebers seien insoweit grundsätzlich hinzunehmen. Diese Ausführungen beschränken sich jedoch ausschließlich auf die Frage, in welchem Umfang ein staatlicher Ausgleich für die unter den Restitutionsausschluss fallenden Enteignungen erfolgen müsse. Dies ist jedoch klar zu trennen von der im Vorfeld vom Bundesverfassungsgericht geprüften Frage der verfassungsrechtlichen Bedenken gegen den vollständigen Ausschluss der Restitution hinsichtlich der zwischen 1945 und 1949 Enteigneten. Hier ging es ja gerade darum, für die beiden nach Jahren (1945 bis 1949 bzw. nach 1949) voneinander abgegrenzten Zeitabschnitte, in denen Enteignungen stattfanden, eine sachliche Rechtfertigung für die substantiell gegensätzliche Behandlung – den Grundsatz der Rückgabe einerseits und das grundsätzliche Versagen der Rückgabe andererseits – zu finden. Es ging nicht um die Frage, ob die Ungleichbehandlung aufgrund der verschiedenen Zeitabstände gerechtfertigt ist. Die Rechtfertigung kann ja nicht in der geschaffenen zeitlichen Einteilung liegen. Vielmehr ging es (nur) darum, ob sich gerade für die zeitliche Zäsur Gründe nennen ließen, welche die getroffene Regelung rechtfertigten.[209] Dass eine rein zeitliche Trennung für den Ausschluss der Rückgabe kein sachgerechter Grund für die getroffene Ungleichbehandlung sein kann, die zeitliche Trennung in die Enteignungen vor und nach 1949 vielmehr einen sie rechtfertigenden Grund benötigt, um nicht verfassungswidrig zu sein, ist geradezu der Anlass für die Prüfung der Verletzung der Grundelemente des Gleichheitssatzes durch das Bundesverfassungsgericht.

---

[208] BVerfGE 84, 90 (128 f.).

[209] Abzulehnen ist in diesem Zusammenhang auch die Meinung von WIELAND, in: Dreier, GG, Bd. III, Art. 143 Rn. 29, der hinsichtlich des Eigentumsbegriffs trennt zwischen feudalen Ordnungsverhältnissen, die man seit 1849 versuchte in bürgerliches Eigentum zu überführen, und bürgerlichem Eigentum, und der in diesem Umstand eine Rechtfertigung der im Restitutionsausschluss liegenden Ungleichbehandlung sieht. Dabei gelangt er zu der Ansicht, dass die auf besatzungshoheitlicher und besatzungsrechtlicher Grundlage enteigneten Flächen in der sowjetisch besetzten Zone zum Zeitpunkt der Bodenreform keinen bürgerlichen und damit anerkennenswerten Eigentümern zuzuordnen gewesen seien – im Gegensatz zu den anderen Enteignungsmaßnahmen die „vollgültiges bürgerliches Eigentum" betrafen. Dieser Ansatz verkennt die Rechtswirklichkeit, in der die Neuordnung längst abgeschlossen und die Besitzverhältnisse als status quo in Ostdeutschland bereits in der Zeit der Weimarer Republik ihre rechtliche Anerkennung fanden.

(2) Eingriffsschwere als Unterscheidungsmerkmal

Eine Rechtfertigung für den absoluten Ausschluss der Restitution für die zwischen 1945 und 1949 erfolgten Enteignungen und damit eine im Grundsatz gravierende Ungleichbehandlung ließe sich schließlich auch nicht in einem etwaigen, vom Bundesverfassungsgericht wiederum alleine im Zusammenhang mit der Frage der Höhe der staatlichen Ausgleichsleistungen genannten Hinweis auf den Einfluss der Hoheitsgewalt der Besatzungsmacht und die Schwere „rechtsstaatlicher Defizite" finden.[210] Vielmehr wirft ein solcher Hinweis die Frage auf, warum gerade die vor 1949 Betroffenen, bei denen der Abstand zu einer rechtsstaatlichen Verfahrensweise noch größer ist als bei den nach 1949 Betroffenen, nicht bessergestellt würden. Insbesondere stünde dies auch im Widerspruch zur Rechtsprechung des Bundesverfassungsgerichts zu besatzungsrechtlichen und besatzungshoheitlichen Straf- und Verwaltungszugriffen, die nach dem strafrechtlichen[211] bzw. verwaltungsrechtlichen[212] Rehabilitierungsgesetz als grundsätzlich rehabilitierungswürdig und -bedürftig eingestuft werden.[213] Bei derartigen Maßnahmen handelt es sich um grob rechtsstaatswidrige und der politischen Verfolgung dienende Eingriffe in die allgemeinen Persönlichkeits- und Freiheitsrechte durch die sowjetische Besatzungsmacht oder deren deutsche Werkzeuge. Haben diese Maßnahmen als Nebenfolge eine Vermögensentziehung (s. § 7 VwRehaG, § 3 Abs. 2 StrRehaG), so ist hierfür ebenfalls der grundsätzliche Geltungsbereich des entsprechenden Rehabilitierungsgesetzes eröffnet.[214] In seinem Nichtannahmebeschluss vom 4. Juli 2003[215] hat das Bundesverfassungsgericht klargestellt, dass es bei besatzungsrechtlichen und besatzungshoheitlichen strafrechtlichen Eingriffen in die Freiheitsrechte, denen auch eine Einziehung von Vermögenswerten als Nebenstrafe folgte, bei Erstreckung der Rehabilitie-

---

[210] BVerfGE 84, 90 (129).

[211] Strafrechtliches Rehabilitierungsgesetz (StrRehaG) v. 29.10.1992 (BGBl. I, S. 1814) zuletzt geändert durch Art. 1 des Gesetzes vom 22.12.2003 (BGBl. I, S. 2834). Nach diesem Gesetz können strafrechtliche Entscheidungen deutscher Gerichte im Gebiet der ehemaligen DDR aus der Zeit vom 08.05.1945 bis zum 02.10.1990 auf Antrag für rechtsstaatswidrig erklärt und aufgehoben werden, soweit sie mit wesentlichen Grundsätzen einer freiheitlichen rechtsstaatlichen Ordnung unvereinbar sind.

[212] Siehe hierzu bereits oben Fn. 180.

[213] BVerfG, Beschluss v. 04.07.2003, ZOV 2003, 304 f.

[214] Hingegen ist das VermG einschlägig, soweit ein zielgerichtet auf ein Objekt gerichteter Vermögensentzug vorliegt und dieser eben nicht nur Nebenfolge ist. Grundlegend BVerwG, Urteil v. 23.08.2001, ZOV 2001, 427 f.

[215] BVerfG, ZOV 2003, 304 f.

rung auch auf die vermögensentziehende Maßnahme ein Rückgabeverbot nicht gibt. Dabei hob das Bundesverfassungsgericht hervor, dass es „nicht sachwidrig und deshalb von Verfassungs wegen nicht zu beanstanden" sei, wenn derartige, typischerweise schwer wiegende strafrechtliche Maßnahmen „als auch in vermögensmäßiger Hinsicht rehabilitierungswürdig und -bedürftig eingestuft werden".[216] Dass die Rehabilitierungsfähigkeit und -bedürftigkeit und damit auch die Rückgabe einer Vermögenseinziehung von der Intensität des Eingriffs abhängig gemacht wird, ist ein zwingendes Argument dagegen, dass eine Rechtfertigung der Ungleichbehandlung der vor und der nach 1949 Enteigneten in der Schwere des – rechtsstaatlich defizitären – Eingriffs gesehen werden könnte. Wenn nach der Rechtsprechung des Bundesverfassungsgerichts zur Rehabilitierungsfähigkeit ausgerechnet besonders schwere besatzungsrechtliche oder besatzungshoheitliche Unrechtsmaßnahmen dazu führen, dass die Eingriffe für rechtsstaatwidrig erklärt und die entzogenen Vermögenswerte zurückgegeben werden, dann kann gerade der Einfluss der Besatzungsmacht und eine Schwere „rechtsstaatlicher Defizite" umgekehrt nicht im Sinne eines sachlichen Grundes nach Art. 3 Abs. 1 GG einen absoluten Rückgabeausschluss nach Art. 41 Abs. 1 i.V.m. Nr. 1 S. 1 der Gemeinsamen Erklärung rechtfertigen. Vielmehr legt dies einen Grundsatz der Rückgabe auch der auf besatzungsrechtlicher oder besatzungshoheitlicher Grundlage enteigneten Vermögenswerte nahe, auf die Art. 41 Abs. 1 i.V.m. Nr. 1 S. 1 der Gemeinsamen Erklärung Anwendung findet.

Dass es für die gegensätzliche Behandlung hinsichtlich der Vermögensrückgabe nicht darauf ankommen kann, in welchem Kleide die Enteignungen durchgeführt wurden, ob durch die Hoheitsgewalt der Besatzungsmacht oder durch deutsche Stellen, zeigen im Übrigen auch die Ausführungen des Bundesverfas-

---

[216] BVerfG, ZOV 2003, 304 (305). Vgl. zum Beschluss des Bundesverfassungsgerichts auch die Ausführungen von V. RAUMER, ZOV 2003, 355 ff., der sich zu Recht kritisch mit dem Beschluss insofern auseinandersetzt, als das Bundesverfassungsgericht hierin zwischen Verwaltungsrecht und Strafrecht abgrenzt und für Eingriffe im Gewand einer Verwaltungsentscheidung – aber mit derselben Eingriffsintensität wie strafrechtliche Maßnahmen - einen Rehabilitierungs- und Rückgabeanspruch ausschließt (siehe § 1 Abs. 1 S. 3 VwRehaG). Denn folgte man dieser Abgrenzung, so hätte dies, wie V. RAUMER ausführt, als unvertretbares Ergebnis zur Folge, dass bspw. Erben eines aufgrund sowjetischen Militärtribunals oder aufgrund eines deutschen Strafurteils auf besatzungshoheitlicher Rechtsgrundlage Liquidierten und seines Vermögens Beraubten uneingeschränkt Rehabilitierung erfahren und eine Vermögensrückgabe erhalten würden. Umgekehrt aber ein mit exakt der gleichen Eingriffsintensität in seinen Freiheits- bzw. körperlichen Unversehrtheitsrechten sowie in seinen Vermögensrechten allein verwaltungsrechtlich Beeinträchtigter keinerlei Rehabilitierungs- und Rückgabeansprüche hätte (siehe S. 16 f.).

sungsgerichts in seinem Bodenreformurteil zu nicht vorhandenen eigentumsrechtlichen Positionen der von den Enteignungen Betroffenen. Insoweit stellt das Bundesverfassungsgericht ausdrücklich darauf ab, dass zum Zeitpunkt der Einfügung des Art. 143 Abs. 3 in das Grundgesetz in jedem Fall keine Rechtsposition der Betroffenen mehr bestand, in die der Gesetzgeber mit der Regelung nach Art. 143 Abs. 3 GG hätte eingreifen können. Die Enteignungen seien darauf gerichtet gewesen, den Eigentümern ihre Rechtsposition vollständig und endgültig zu nehmen. Die normativen Grundlagen der Enteignungen seien sowohl von der Besatzungsmacht als auch von der deutschen Staatsgewalt in der sowjetisch besetzten Zone und in der späteren DDR in vollem Umfang als rechtmäßig angesehen worden.[217] Es geht also nicht darum, ob der einen Gruppe von Betroffenen aufgrund der Enteignung durch deutsche Stellen möglicherweise ein Mehr an Eigentum geblieben ist als der anderen Gruppe. Vielmehr ist entscheidend darauf abzustellen, dass sämtliche Enteignungen nach der Rechtslage im Gebiet der früheren sowjetisch besetzten Zone und späteren DDR als bestandskräftig behandelt wurden (obwohl sie doch umgekehrt sämtlichen freiheitlich-rechtsstaatlichen Grundsätzen widersprachen). Sowohl bei den Enteignungen auf besatzungsrechtlicher Grundlage als auch bei denen durch die DDR-Behörden waren die Eigentumsrechte restlos untergegangen. Es kommt damit, wie den Ausführungen des Bundesverfassungsgerichts zu entnehmen ist, alleine darauf an, dass Unrecht erfolgte bzw. existiert, nicht aber auf die Frage, welche Stellen hierfür im Einzelnen verantwortlich waren. Die Tatsache, dass für die nach 1949 erfolgten Enteignungen das Prinzip „Rückgabe vor Entschädigung" aufgestellt wurde, erweckt den Anschein, als würden hier privatrechtliche Ansprüche fortwirken. Wie jedoch das Bundesverfassungsgericht klar gestellt hat, sind sowohl bei den vor 1949 als auch bei den danach erfolgten Enteignungen Eigentumsrechte vollständig untergegangen. Welche Macht enteignete, spielt insoweit keine Rolle. Demnach kann die Frage nach dem Begehungsmodalitäten des Unrechts kein sachgerechtes Abgrenzungskriterium und keine Rechtfertigung für eine substantiell unterschiedliche Behandlung der Enteigneten hinsichtlich der Restitutionsfrage sein. Die Ausführungen des Bundesverfassungsgerichts zur Frage einer fortbestehenden Eigentumsposition zeigen vielmehr gerade auf, dass in beiden Fällen von Enteignungen – also sowohl bei denen vor als auch bei denen nach 1949 – wegen des jeweils vollständigen Untergangs von Eigentumsrechten offene Vermögensfragen bestanden, die richtigerweise beide

---

[217] BVerfGE 84, 90 (122); siehe hierzu auch schon oben unter B. 1. c) (2).

gleichermaßen durch die Zuteilung von entsprechenden Ansprüchen zu regeln gewesen wären.[218]

(3) Gleichbehandlung mit anderweitig Entrechteten

Schließlich ließe sich auch mit einem etwaigen Hinweis auf andere Fälle schwer wiegenden staatlichen Unrechts in der Zeit von 1949 bis 1990 eine Rechtfertigung der Ungleichbehandlung der vor und der nach 1949 Enteigneten nicht herleiten. Dass etwa körperlich erfahrene Leiden ebenfalls nicht wieder rückgängig gemacht bzw. einer angemessenen Kompensation zugeführt werden können, hilft nicht darüber hinweg, dass es zum einen in der rechtsstaatlichen Rechtsordnung keinen Grundsatz gibt, wonach Gleichheit im Unrecht hergestellt werden dürfe, und dass es zum anderen vorliegend allein um die unter dem Gesichtspunkt der entschädigungslosen Enteignungen vergleichbaren Gruppen geht. Regelungsgegenstand des Art. 41 EV i.V.m. der Gemeinsamen Erklärung und damit auch des Art. 143 Abs. 3 GG sind offene Vermögensfragen hinsichtlich entzogenen Eigentums und seiner Rückerstattung. Die Vergleichspaare werden somit allein durch das gemeinsam betroffene Rechtsgut Eigentum bestimmt. Nur mit Blick auf diese Vergleichspaare stellt sich daher die Frage nach einer sachlichen Rechtfertigung für die ungleiche Behandlung. Da mit dem von Frau PAFFRATH aufgestellten Ergebnis der vom Bundesverfassungsgericht herangezogene Rechtfertigungsgrund nicht vorliegt, wäre somit kein sachlich rechtfertigender Grund gegeben, weshalb die Gruppe der zwischen 1945 und 1949 auf besatzungsrechtlicher oder besatzungshoheitlicher Grundlage Enteigneten nicht vom Grundsatz her gleich der Gruppe der nach 1949 Enteigneten behandelt wird, bei denen die Eigentumspositionen gleichermaßen vollständig untergegangen waren.[219]

---

[218] Siehe hierzu auch KIRN, in: v. Münch/Kunig, GG, Bd. 3, § 143 Rn. 24.

[219] An dieser Stelle sei ergänzend auch auf die von Frau PAFFRATH in ihrer Arbeit als „Aberwitz" bezeichnete Situation hingewiesen, dass das zwischen der Regierung der Bundesrepublik Deutschland und der Regierung der Vereinigten Staaten von Amerika getroffene Abkommen über die Regelung bestimmter Vermögensansprüche vom 13. Mai 1992 (BGBl. II, S. 1223) „Deutsche, jedoch später amerikanisierte Bodenreformopfer ungleich viel besser stellte, als jene, die nicht das Privileg einer amerikanischen Staatsbürgerschaft erwarben" (siehe PAFFRATH, Macht und Eigentum, S. 209 f. m.w.N.). Dieses Abkommen regelt bestimmte (Entschädigungs-)Ansprüche von Staatsangehörigen der Vereinigten Staaten von Amerika, die u.a. aufgrund von Enteignungen oder anderen Vermögensverlusten auf dem Gebiet der früheren DDR entstanden waren. „Danach erhalten US-Bürger und Unternehmen, sofern diese bereits zum Zeitpunkt der unrechtmäßigen Wegnahmen amerikanische Staats-

2. Regelungsauftrag für den Gesetzgeber

Zeigt sich somit, dass es keinen sachlichen Grund für die Ungleichbehandlung weder gab noch gibt, ist – der Begründungskette des Bundesverfassungsgerichts folgend – Art. 143 Abs. 3 GG nicht mit Art 79 Abs. 3 GG vereinbar und damit von einer Verfassungswidrigkeit auch des Art. 41 Abs. 1 EV und den zu seiner Durchführung bestimmten Vorschriften auszugehen, nach denen die in der sowjetischen Besatzungszone Deutschlands auf besatzungsrechtlicher bzw. besatzungshoheitlicher Grundlage durchgeführten Enteignungen nicht mehr rückgängig gemacht werden. Diese Regelungen sind, wie oben ausgeführt,[220] bei entsprechender Feststellung des Bundesverfassungsgerichts für nichtig bzw. für mit dem Grundgesetz unvereinbar zu erklären.

Während im Fall der Nichtigerklärung eines Gesetzes durch das Bundesverfassungsgericht das Gesetz beseitigt ist, lässt die Unvereinbarerklärung den rechtswidrigen Zustand vorläufig bestehen. Mit ihr ist jedoch der Gesetzgeber zur Neuregelung der Materie aufgerufen. Denn neben dem die Behörden und Gerichte betreffenden grundsätzlichen Anwendungsverbot[221] des für unvereinbar erklärten Gesetzes beinhaltet die Unvereinbarerklärung vor allem die den Gesetzgeber betreffende Pflicht zur Herstellung einer der Verfassung entsprechenden Gesetzeslage.[222] Das Gesetz wird durch den Unvereinbar-Ausspruch des Gerichts ja nicht einfach wie bei der Nichtigerklärung ex tunc für rechtunwirksam erklärt. Nicht schon die Erklärung des Bundesverfassungsgerichts stellt, wie sonst durch Kassation der für verfassungswidrig erklärten Norm, den verfassungsgemäßen Zustand wieder her.[223] Es ist vielmehr der Gesetzgeber, der unverzüglich, also ohne schuldhaftes Zögern zu handeln und entweder durch

---

bürger waren, eine Geldleistung in der Höhe des Verkehrswertes zum Zeitpunkt der Wegnahme, zuzüglich drei Prozent Zinsen für jedes seither vergangene Jahr" (siehe V. DER OSTEN, Die Realisierung von Ansprüchen amerikanischer und deutscher Bodenreformopfer – Eine Frage der Staatsbürgerschaft, in: Sobotka, Wiedergutmachungsverbot?, S. 668 ff.; DERS., Ansprüche zweiter Klasse, in: FAZ v. 13.10.2003). Im Ergebnis liegen damit, so v. der Osten, die Zahlungen an die US-Staatsbürger um ein Vielfaches über den Leistungen, die deutschen Betroffenen nach dem EALG zugesprochen wird. Zur Abgeltung der vom Abkommen erfassten Ansprüche wurde ein von der Bundesregierung zu leistender Abfindungsbeitrag von 190 Millionen US-Dollar vereinbart.

[220] Siehe unter D. 2. b).
[221] BVerfGE 37, 217 (261); 55, 100 (110); 61, 319 (356); 92, 53 (73).
[222] BVerfGE 55, 100 (110 f.); 57, 361 (388 f.); 81, 363 (384); 98, 365 (402); 99, 202 (216).
[223] Siehe SCHLAICH/KORIOTH, Das Bundesverfassungsgericht, Rn. 403, 423.

Aufhebung oder Verbesserung des Gesetzes die Verfassungswidrigkeit zu beseitigen hat.[224] Dabei kann das Bundesverfassungsgericht das Erfordernis der Unverzüglichkeit durch Fristangaben präzisieren.[225]

a) Aufhebung disparater Regelungsbereiche zur Heilung der Ungleichbehandlung

Ohne sachlichen Rechtfertigungsgrund für eine substantiell gegensätzliche Behandlung der vor und der nach 1949 Enteigneten, ist der Gesetzgeber an den allgemeinen Gleichheitssatz nach Art. 3 Abs. 1 GG gebunden. Dieser gebietet es „weder wesentlich Gleiches willkürlich ungleich, noch wesentlich Ungleiches willkürlich gleich" zu behandeln.[226] Dabei setzt Art. 3 Abs. 1 GG dem Gesetzgeber „nicht nur Grenzen bei der Auswahl der Tatbestände, die er gesetzlich regelt, sondern bedeutet auch, dass die vom Gesetz erfassten, in sich gleichartigen Tatbestände gleichartig zu behandeln sind".[227] Da es, wie ausgeführt, bei Wegfall des vom Bundesverfassungsgerichts angenommenen Rechtfertigungsgrundes keinen sachlichen Grund für die im VermG einfachgesetzlich vorgesehene Differenzierung hinsichtlich des Grundsatzes der Rückgabe der enteigneten Vermögensgegenstände gibt, ist der Gesetzgeber bei entsprechender Unvereinbarerklärung des gleichheitswidrigen Begünstigungsausschlusses nach dem

---

[224] Vgl. KLEIN, in: Benda/Klein, Verfassungsprozessrecht, Rn. 1276; SCHLAICH/KORIOTH, Das Bundesverfassungsgericht, Rn. 423; PESTALOZZA, Verfassungsprozessrecht, § 20 Rn. 129 f., jeweils m.w.N. Allerdings bedeutet auch die Nichtigerklärung nicht, dass der Gesetzgeber untätig bleiben kann. Vielmehr kann das Vakuum nach der Nichtigerklärung ihn womöglich sogar zu größerer Eile zwingen als der Fortbestand der nur unvereinbar erklärten Norm (siehe hierzu PESTALOZZA, Verfassungsprozessrecht, § 20 Rn. 131). Zudem hat der Gesetzgeber auch mit Blick auf diejenigen Normen tätig zu werden, welche die für nichtig erklärte Norm zum Bezug haben.

[225] Im Übrigen kann das Gericht auch über die zeitliche (Nicht-)Anwendbarkeit des für unvereinbar erklärten Gesetzes entscheiden. Dies geschieht in der Regel dann, „wenn die Besonderheit der für verfassungswidrig erklärten Norm es aus verfassungsrechtlichen Gründen, insbesondere aus solchen der Rechtssicherheit, notwendig macht, die verfassungswidrige Vorschrift als Regelung für die Übergangszeit bestehen zu lassen, damit in dieser Zeit nicht ein Zustand besteht, der von der verfassungsmäßigen Ordnung noch weiter entfernt ist als der bisherige."; BVerfGE 61, 319 (356); siehe auch BVerfGE 37, 217 (261); 73, 40 (101 f.); 105, 73 (134 f.); SCHLAICH/KORIOTH, Das Bundesverfassungsgericht, Rn. 417 ff.; KLEIN, in: Benda/Klein, Verfassungsprozessrecht, Rn. 1277; PESTALOZZA, Verfassungsprozessrecht, § 20 Rn. 129.

[226] BVerfGE 4, 144 (155); 50, 177 (186); 78, 104 (121).

[227] BVerfGE 11, 64 (71).

VermG angehalten, die Rechtslage umzugestalten und den Verstoß gegen den Gleichheitsgrundsatz zu heilen. Dabei kann er im Rahmen seines gesetzgeberischen Gestaltungsspielraums darüber befinden, in welcher Weise er durch eine Neuregelung dem Gleichheitssatz Rechnung tragen möchte.

(1) Vollständige Aufhebung der Begünstigung

Allerdings bedeutet die gesetzgeberische Gestaltungsfreiheit nicht, dass der Gesetzgeber bei der Neugestaltung tatsächlich vollkommen „frei" ist. Vielmehr ist er durch den dem Rechtsstaatsprinzip entlehnten Vertrauensschutz beschränkt.[228] Damit ist das Vertrauen des Einzelnen darauf gemeint, dass ein Gesetz, auf das ein schutzwürdiges Vertrauen gegründet werden konnte, nicht ohne besonderen Grund rückwirkend geändert wird. Der Einzelne soll nicht durch die nachträgliche Entwertung von erworbenen Rechtspositionen oder plötzliche grundlegende Änderungen von Rechtsvorgaben förmlich überrumpelt werden. Vielmehr soll er mit dem Fortbestand des geltenden Rechts rechnen können bzw. die Möglichkeit haben, sein Verhalten auf neue Regelungen einzustellen. Eine sog. echte Rückwirkung eines Gesetzes, die vorliegt, „wenn das Gesetz nachträglich ändernd in abgewickelte, der Vergangenheit angehörende Tatbestände eingreift",[229] ist dabei grundsätzlich verfassungswidrig.[230] Das Rückwirkungsverbot greift in diesem Fall nur dann nicht, wenn „zwingende Gründe des gemeinen Wohls oder ein nicht – oder nicht mehr – vorhandenes schutzbedürftiges Vertrauen des Einzelnen eine Durchbrechung" gestatten.[231]

Für vermögenswerte Rechte ist das Prinzip des Vertrauensschutzes als integraler Bestandteil in der Eigentumsgarantie des Art. 14 GG verortet und hat dort eine eigene Ausprägung und verfassungsrechtliche Ordnung erfahren.[232] Die Eigentumsgarantie besteht vor allem darin, dem Bürger Rechtssicherheit hinsichtlich der durch Art. 14 Abs. 1 GG geschützten Güter zu gewährleisten und sein Vertrauen auf die durch die Gesamtheit der verfassungsmäßigen Gesetze aus-

---

[228] Siehe zum Vertrauensschutz JARASS, in: Jarass/Pieroth, GG, Art. 20 Rn. 67 ff.; ROELLECKE, in: Umbach/Clemens, GG, Bd. I, Art. 20 Rn. 88 ff.; SACHS, in: Sachs, GG, Art. 20 Rn. 131 ff.; SOMMERMANN, in: v. Mangoldt/Klein/Starck, GG, Bd. 2, Art. 20 Abs. 3 Rn. 282 ff.

[229] BVerfGE 30, 367 (385).

[230] BVerfGE 30, 367 (385 f.); 95, 64 (86); 97, 67 (78).

[231] BVerfGE 72, 200 (258); 97, 67 (79 f.); 101, 239 (263 f.).

[232] BVerfGE 36, 281 (293); 45, 142 (168); 58, 81 (120 f.); 64, 87 (104); vgl. auch DEPENHEUER, in: v. Mangoldt/Klein/Starck, GG, Bd. 1, Art. 14 Rn. 233 ff.

gestaltete Eigentumsposition zu schützen.²³³ Aufgrund des eigentumsrechtlichen Vertrauensschutzes und des Übermaßverbots ist eine Abschaffung oder Modifizierung von Eigentumspositionen durch gesetzliche Neuregelungen nur zulässig, wenn das gesetzgeberische, im öffentlichen Interesse liegende Anliegen so schwerwiegend ist, dass es Vorrang vor dem schutzwürdigen Vertrauen des Bürgers in den Fortbestand seines Rechts hat. Vor diesem Hintergrund wäre der Gesetzgeber daran gehindert, die Gleichheit zwischen den vor und den nach 1949 Enteigneten nach dem VermG dadurch herzustellen, dass er, sofern das Gericht das Rückabwicklungsgebot zeitlich nicht eingeschränkt hat, rückwirkend die Begünstigung überhaupt aufhebt und damit niemand mehr in den Genuss des im VermG vorgesehenen Grundsatzes der Rückgabe kommt. Denn eine rückwirkende Bereinigung und Gleichstellung der vor und nach 1949 Enteigneten für die Vergangenheit würde für die nach dem VermG bereits Begünstigten einen Entzug ihrer subjektiven Eigentumspositionen bedeuten. Enteignungen sind gemäß Art. 14 Abs. 3 S. 1 GG nur zum Wohle der Allgemeinheit und nur unter strikter Wahrung des Verhältnismäßigkeitsgrundsatzes zulässig. Dabei ist die Zweckbindung einer Enteignung an das Allgemeinwohl verfassungsrechtliche Mindestvoraussetzung für ihre Rechtmäßigkeit.²³⁴ Am Vorliegen eines besonderen Gemeinschaftsinteresses würde es im vorliegenden Fall, indem es allein um die Herstellung einer Gleichheit zwischen zwei Gruppen von Enteigneten geht, jedoch fehlen. Vielmehr muss eine Enteignung mit dem erklärten Ziel erfolgen, das Eigentumsobjekt für eine konkrete, dem Wohl der Allgemeinheit dienende Aufgabe zu gebrauchen.²³⁵ Eine Behebung des gleichheitswidrigen Begünstigungsausschlusses durch den an die verfassungsmäßigen Vorgaben gebundenen Gesetzgeber dadurch, dass er den Grundsatz der Rückgabe für die Vergangenheit ganz abschafft, ist daher mit Blick auf den Vertrauensschutz und eine mangelnde verfassungsrechtliche Rechtfertigung eines Eigentumseingriffs ausgeschlossen. Bestehendes verfassungsrechtliches Unrecht kann nicht durch die Schaffung neuen Unrechts behoben werden.

(2) Aufhebung der Begünstigung ex nunc

Eine Heilung der gleichheitswidrigen Abgrenzung der Begünstigungstatbestände käme allerdings auch nicht durch eine Beseitigung der gleichheitswidri-

---

[233] BVerfGE 36, 281 (293); 42, 263 (300 f.); 45, 142 (168); 75, 78 (104 f.).

[234] Vgl. hierzu etwa DEPENHEUER, in: v. Mangoldt/Klein/Starck, GG, Bd. 1, Art. 14 Rn. 429 ff.; WENDT, in: Sachs, GG, Art. 14 Rn. 160 ff.

[235] Vgl. BADURA, Staatsrecht, C. Rn. 86.

gen Begünstigung pro futuro, ab dem Zeitpunkt der Unvereinbarerklärung an, in Betracht. Der Vertrauensschutz schließt zwar Gesetzesänderungen nicht aus, oder wie es in einer Entscheidung des Bundesverfassungsgerichts aus dem Jahre 1987 heißt: „Der verfassungsrechtlich verbürgte Vertrauensschutz gebietet nicht, den von einer bestimmten Rechtslage Begünstigten vor jeglicher Enttäuschung seiner Hoffnungen oder Erwartungen betreffend die Dauerhaftigkeit der bestehenden Rechtslage zu bewahren."[236] Andererseits aber soll das Recht den Bürger in die Lage versetzen, „auf längere Zeit zu planen und zu disponieren", weshalb er „dem ordnungsgemäß gesetzten Recht Vertrauen entgegenbringen" darf. Ob Vertrauensschutz zu gewähren ist und sich daraus verfassungsrechtliche Grenzen für den Gesetzgeber ergeben, richtet sich danach, inwieweit eine Gesetzesänderung vorhersehbar war. Dabei ist zu fragen, ob ein objektiver Betrachter „mit einer Änderung der Rechtslage rechnen musste".[237] Die Beurteilung der (Un-)Zulässigkeit einer Rechtsänderung ist auf der Grundlage einer Abwägung zu entscheiden, und zwar einer Abwägung zwischen einerseits „dem Vertrauen des Betroffenen auf den Fortbestand des Rechtszustandes nach der bisherigen gesetzlichen Regelung" und andererseits „der Bedeutung des gesetzgeberischen Anliegens für das Wohl der Allgemeinheit".[238]

Das grundsätzliche Vertrauen der nach 1949 Enteigneten auf den Forbestand des nach § 3 VermG geltenden Grundsatzes der Rückgabe der enteigneten Vermögenswerte, mit dessen Einschränkung mangels unklarer oder verworrener Rechtslage für die Begünstigten nicht zu rechnen war, wurde insbesondere noch einmal durch die zweite Bodenreformentscheidung des Bundesverfassungsgerichts aus dem Jahre 1996 verstärkt. Hierin bekräftigte das Bundesverfassungsgericht ausdrücklich die Verfassungsmäßigkeit gerade auch des § 1 Abs. 8 a VermG und damit die substantiell unterschiedliche Behandlung der vor und der nach 1949 Enteigneten hinsichtlich der Rückgabe von enteigneten Vermögenswerten.[239] Die nach 1949 Enteigneten konnten somit spätestens nach den höchstrichterlichen Bodenreformentscheidungen ihres Rechtszustandes nach dem VermG sicher sein und durften schutzwürdig auf die Beständigkeit des für sie geltenden Grundsatzes der Rückgabe vertrauen. Entsprechend den Regeln über

---

[236] BVerfGE 76, 256 (349 f.) mit Verweis auf BVerfGE 63, 312 (330 f.); 67, 1 (15); 68, 287 (307); 70, 69 (84); 71, 255 (272).
[237] BVerfGE 76, 256 (350).
[238] BVerfGE 67, 1 (15) mit Verweis auf BVerfGE 43, 242 (286); 43, 291 (391).
[239] BVerfGE 94, 12 (46).

die unechte Rückwirkung[240] ergibt sich auch hier die Grenze für den Gesetzgeber zur Aufhebung jeglicher Begünstigung pro futuro aus dem Prinzip des Vertrauensschutzes. Das Vertrauen der nach 1949 Enteigneten, die aufgrund des höchstrichterlich für nicht gleichheitswidrig erklärten Grundsatzes der Rückgabe für die nach 1949 durchgeführten Enteignungen einen besonderen Grund hatten, darauf zu setzen, der Gesetzgeber werde die für sie günstige Position auf Dauer beibehalten, ist schutzwürdiger als das mit einer Aufhebung der Begünstigung pro futuro verfolgte Anliegen einer Herstellung der Gleichheit zwischen den vor und den nach 1949 Enteigneten. Dies gilt um so mehr, wenn man berücksichtigt, dass die Aufhebung der bestehenden Ungleichbehandlung auf diese Weise wiederum nur durch Schaffung einer „neuen", intertemporalen Ungleichbehandlung möglich wäre, für die es keinen sachlich rechtfertigenden Grund gibt. Denn mit Aufhebung jeglicher Begünstigung pro futuro wären ja nicht nur innerhalb der Gruppe der nach 1949 Enteigneten die bislang noch nicht Begünstigten gegenüber den bereits in den Genuss der Rückgabe-Regelung Gekommenen schlechter gestellt. Vielmehr bestünde auch weiterhin eine Ungleichbehandlung zu den auf besatzungsrechtlicher oder besatzungshoheitlicher Grundlage Enteigneten, für die der Grundsatz der Rückgabe mit Inkrafttreten des VermG gleichheitswidrig ausgeschlossen wurde. Durch Aufhebung der Begünstigung pro futuro könnte somit eine (vollständige) Heilung des Gleichheitsverstoßes nicht erreicht werden.

Bei Feststellung der Gleichheitswidrigkeit des Restitutionsausschlusses erfordert die Systemgerechtigkeit somit, das gesetzte Regelsystem im VermG uneingeschränkt aufzuheben und unter Vermeidung neuer intertemporaler Ungleichbehandlungen eine sachlich vertretbare Neuregelung zu schaffen. Der Gleichheitssatz wirkt über den Geltungsbereich einer neuen Regelung hinaus auf die Vergangenheit. Der Gesetzgeber darf sich daher nicht darauf beschränken, den Gleichheitsverstoß nur für die Zukunft auszubessern. Vielmehr ist er gehalten, den Anforderungen des Art. 3 Abs. 1 GG auch für die seiner Entscheidung vorangehende Zeit gerecht zu werden.[241] Eine pro futuro vorgenommene Aufhe-

---

[240] Im Gegensatz zur verfassungsrechtlich grundsätzlich unzulässigen echten Rückwirkung, die vorliegt, „wenn das Gesetz nachträglich ändernd in abgewickelte, der Vergangenheit angehörende Tatbestände eingreift" (BVerfGE 30, 367 (385)), liegt eine grundsätzlich zulässige unechte Rückwirkung vor, „wenn eine Norm auf gegenwärtige, noch nicht abgeschlossene Sachverhalte und Rechtsbeziehungen für die Zukunft einwirkt und damit zugleich die betroffene Rechtsposition nachträglich entwertet" (BVerfGE 101, 239 (263)).
[241] BVerfGE 55, 100 (110 f.); 61, 319 (357).

bung jeglicher Begünstigung wäre nicht am gegebenen Sachverhalt orientiert und würde die Gleichheitsproblematik im Kern nicht lösen.

(3) Begünstigung ex nunc

Auf verfassungsrechtlich zulässige Art und Weise behoben werden könnte der gleichheitswidrige Begünstigungsausschluss hingegen dadurch, dass die bislang benachteiligte Gruppe, die zwischen 1945 und 1949 auf besatzungsrechtlicher oder besatzungshoheitlicher Grundlage Enteigneten, in die begünstigende Regelung des VermG mit einbezogen und folglich der Geltungsbereich auf den Differenzierungsfall nach § 1 Abs. 8 a VermG ausgedehnt wird. Insoweit ist davon auszugehen, dass der regelnde Gesetzgeber mit Aufhebung des Restitutionsausschlusses nach § 1 Abs. 8 a VermG nicht notwendig auch eine zeitliche, rückwirkende Geltungsanordnung treffen muss. Vielmehr kann sich der Gesetzgeber auch darauf beschränken, die Neuregelung bzw. Aufhebung des § 1 Abs. 8 a VermG mit dem Tag nach der Verkündung des neuen (Änderungs-)Gesetzes in Kraft treten zu lassen. Den Anforderungen des Art. 3 Abs. 1 GG wird hiermit gleichermaßen auch für die vorangehende Zeit Rechnung getragen. Beseitigt die Neuregelung die ausnahmslose Nichterfassung der auf besatzungsrechtlicher oder besatzungshoheitlicher Grundlage Enteigneten vom Grundsatz der Rückgabe, so lässt sich auch der in abschlägigen Verwaltungsentscheidungen zuständiger Ämter zur Regelung offener Vermögensfragen bereits rechtskräftig manifestierte Gleichheitsverstoß „ausbessern". Denn aufgrund der veränderten Rechtslage können die ehemals abschlägig Beschiedenen nunmehr erneut einen Antrag in der Sache stellen.[242] Ein Verweis durch die Ämter auf die Bestandskraft ihrer bestehenden Entscheidungen ist insoweit nicht möglich. Diese beschränkt sich auf die Rechtslage im Zeitpunkt der Entscheidungen. Der Rahmen, der den verwaltungsrechtlichen Prüfungsinhalt bestimmt, wird von dem Verfah-

---

[242] Eine Wiederaufnahme gemäß § 51 Abs. 1 Nr. 1 VwVfG aufgrund nachträglicher Änderung der Rechtslage kommt insoweit nicht in Betracht. Die Anwendbarkeit des § 51 Abs. 1 Nr. 1 VwVfG, wonach die Behörde ein bereits mit einem unanfechtbaren Verwaltungsakt abgeschlossenes Verfahren neu eröffnet, um die Sache wegen veränderter Sach- oder Rechtslage noch einmal inhaltlich zu prüfen und ggf. auch abweichend neu zu entscheiden, setzt voraus, dass der Betroffene nicht auf andere Weise seine ihm nach der Änderung der Sach-/Rechtslage zustehenden Rechte durchzusetzen vermag. Wird eine Rechtsgrundlage ex nunc geändert, so genügt es, dass ein neuer Verwaltungsakt erlassen wird, der die Verbesserung der Rechtsstellung des Betroffenen infolge der Rechtsänderung realisiert. Vgl. zur Anwendbarkeit der Regelung des § 51 VwVfG bei nachträglicher Änderung der Rechtslage SCHÄFER, in: Obermayer, VwVfG, § 51 Rn. 40 ff.; MEYER, in: Meyer/Borgs, VwVfG, § 51 Rn. 14; KOPP/RAMSAUER, VwVfG, § 51 Rn. 24 ff.

rensgegenstand festgelegt.[243] Er ist abgegrenzt durch einen bestimmten konkreten Sachverhalt und einen bestimmten Antrag. Ändert sich die gesetzliche Lage, auf Grundlage derer der Verwaltungsakt ergangen ist, so führt dies zu einer Änderung des Verfahrensgegenstandes. Die von den abschlägigen Verwaltungsakten Betroffenen sind daher mit Vorliegen einer neuen Rechtslage nicht daran gehindert, in einem neuen Verfahren die ihnen nunmehr zustehende Rechtsposition durchzusetzen. Die ursprüngliche Entscheidung bleibt hiervon unberührt. Vielmehr kann unter Aufrechterhaltung des alten bestandskräftigen Verwaltungsaktes ein neuer begünstigender Erstbescheid[244] ergehen. Für die geänderte Rechtslage beansprucht der alte Bescheid keine Geltung, weil er nur angesichts einer im Zeitpunkt seines Erlasses bestehenden Rechtslage eine Regelung trifft.[245]

Mit Beseitigung des ausnahmslosen Restitutionsausschlusses für die vor 1949 Enteigneten und deren Einbeziehung in den Grundsatz der Rückgabe nach dem VermG wäre eine verfassungsmäßige, dem Gleichheitssatz entsprechende Regelung formal zweifelsfrei hergestellt. Dabei ist auch davon auszugehen, dass eine Rückgabe vom Grundsatz her mit Blick auf den derzeitigen Eigentumsstand auch durchaus praktikabel, d.h. durchführbar wäre. Unabhängig davon, dass auch für die nach 1949 Enteigneten eine Rückgabe nur soweit realisierbar ist, als dies von der Natur der Sache her möglich und nicht wegen zwischenzeitlichen redlichen Erwerbs Dritter ausgeschlossen ist (§ 4 VermG), macht eine Einbeziehung der vor 1949 Enteigneten in den Grundsatz der Rückgabe in der praktischen Umsetzung ja nur dann Sinn, wenn das enteignete Eigentum in der Regel auch jetzt noch ohne weiteres zurückgegeben werden kann. Sollte eine Restitution aus zwingenden Gründen ausgeschlossen sein, weil das zur Disposition stehende Eigentum zwischenzeitlich komplett abgewickelt und in private Hand überführt wurde, so wäre ein formal bestehender Restitutionsanspruch mangels staatlicher Verfügbarkeit über das Eigentum kein tragbares Lösungsmodell, so bedauerlich dies für die Betroffenen auch sein mag. Als folgerichtige Ausgestaltung bliebe dann nur der Grundsatz der Entschädigung. Davon ist indes nicht auszugehen. Vielmehr ist zu berücksichtigen, dass auch nach dem „Ausverkauf" durch die Treuhand selbst 14 Jahre nach der Wiedervereinigung noch erhebliches Vermögen im öffentlichen Besitztum befindlich ist und daher ohne Verlet-

---

[243] Vgl. hierzu etwa KOPP/RAMSAUER, VwVfG, § 9 Rn. 24 ff.; RIEDL, in: Obermayer, VwVfG, vor § 9 Rn. 3 ff.; STELKENS/SCHMITZ, VwVfG, § 9 Rn. 98 ff.

[244] Im Gegensatz dazu spricht man im Rahmen des Wiederaufgreifens des Verfahrens nach § 51 VwVfG bei der Entscheidung der Behörde von einem Zweitbescheid.

[245] Vgl. KOPP/RAMSAUER, VwVfG, § 51 Rn. 27.

zung bestehender Rechtspositionen an die ehemaligen Eigentümer rückübertragen werden könnte.[246]

Dass Bund, Länder, Gemeinden und andere Rechtsträger des öffentlichen Rechts, soweit ehemals enteignete Objekt auf sie übergingen, nicht gegen jegliche Rückgabeverpflichtung geschützt sind, hat das Bundesverfassungsgericht in seiner ersten Bodenreformentscheidung im Übrigen bereits klargestellt. So hat es mit Blick auf denkbare Ausgleichslösungen für die auf besatzungsrechtlicher oder besatzungshoheitlicher Grundlage Enteigneten auch ausdrücklich die Möglichkeit ausgesprochen, „dass im Rahmen der beabsichtigten Ausgleichsregelung den Betroffenen auch die Möglichkeit eines Rückerwerbs ihres ehemaligen Eigentums eingeräumt wird, soweit dies im Einzelfall möglich und von der Interessenlage her angezeigt ist".[247] Das Bundesverfassungsgericht hebt insoweit hervor, dass der Gesetzgeber bei der gesamten Wiedergutmachung Art. 3 Abs. 1 GG zu beachten hat.[248]

b) Gestaltungsmöglichkeiten einer Begünstigung

Vor dem Hintergrund, dass es mit der These von Frau PAFFRATH keinen sachlichen Rechtfertigungsgrund für die substantiell unterschiedliche Behandlung der vor und der nach 1949 Enteigneten hinsichtlich der Wiedergutmachung früheren Unrechts gibt, ist als weichenstellende Grundentscheidung davon auszugehen, dass der Verstoß gegen den Gleichheitsgrundsatz nur dadurch geheilt werden kann, dass substantiell der absolute Ausschluss der Rückgabe für die vor 1949 Enteigneten aufgehoben wird. Der Gleichheitsverstoß ist auszugleichen. Häufig formuliert das Bundesverfassungsgericht zu Art. 3 Abs. 1 GG einschränkend, dass der Gleichheitssatz „den Gesetzgeber nicht (verpflichtet), unter allen Umständen Gleiches gleich und Ungleiches ungleich zu behandeln. Nur dann ist nach Art. 3 Abs. 1 GG Gleiches gleich und Ungleiches aber nach seiner Eigenart zu behandeln, wenn die Gleichheit oder Ungleichheit in dem jeweils in Betracht kommenden Zusammenhang so bedeutsam ist, dass ihre Beachtung bei einer gesetzlichen Regelung nach einer am Gerechtigkeitsgedanken orientierten Be-

---

[246] Schon im ersten Bodenreformurteil wurde darauf hingewiesen, dass im Zeitpunkt der Wiedervereinigung der größte Teil an enteignetem Grund und Boden im Staatsbesitz („Volkseigentum") der ehemaligen DDR und nicht im Privatbesitz lag.

[247] BVerfGE 84, 90 (127).

[248] BVerfGE 84, 90 (131).

trachtungsweise geboten erscheint".[249] Insofern heißt es in einer anderen Formulierung des Bundesverfassungsgerichts: „Der Gleichheitssatz wird durch eine Sonderregelung verletzt, wenn sich ein vernünftiger, aus der Natur der Sache sich ergebender oder sonstwie einleuchtender Grund für die gesetzliche Differenzierung nicht finden lässt, d.h. wenn die Regelung als willkürlich bezeichnet werden muss."[250] Der die Ansprüche auf Wiedergutmachung von Vermögensunrecht regelnde Gesetzgeber ist über Art. 3 Abs. 1 GG gebunden, für eine systemkonsequente Behandlung zu sorgen. Zu beachten ist insofern, dass Ansprüche auf Wiedergutmachungsleistung, sei es in Form der grundsätzlichen Einräumung der Rückgabe der enteigneten Objekte oder ersatzweise in der Form der Zuerkennung von Entschädigungs- oder Ausgleichsansprüchen, nicht unmittelbar aus Art. 3 Abs. 1 GG folgen. Vielmehr folgt aus dem Umstand, dass der Staat in vergleichbaren Fällen Leistungsansprüche gewährt, aus Art. 3 Abs. 1 GG nur ein abgeleiteter Anspruch, ein Teilhaberecht.[251] Wie das Bundesverfassungsgericht wiederholt festgestellt hat, verfügt der Gesetzgeber bei der Regelung der Wiedergutmachung von – wie im vorliegenden Fall – früheren, von einer anderen Staatsgewalt zu verantwortenden Unrechts, über einen weiten Gestaltungsspielraum.[252] Dies gilt sowohl bei der Abgrenzung des Kreises des Anspruchsberechtigten als auch bei der Ausgestaltung der Ansprüche nach Art und Höhe. Dabei genügt es nach der Rechtsprechung des Bundesverfassungsgerichts, wenn „die gesetzliche Regelung in groben Zügen dem Gerechtigkeitsgebot entspricht".[253]

Ist der Kreis der Begünstigten mit Rücksicht auf den Gleichheitsgrundsatz zu erweitern, so kann der Staat im Rahmen seiner Leistungsfähigkeit Höhe, Umfang und Qualität der Begünstigung neu bemessen und umgestalten.[254] Ebenso wie die Grenzen der Ermessensfreiheit des Gesetzgebers für die Wiedergutmachung früheren Unrechts weit gespannt sind und es systemintern (allein) bei den allgemeinen Differenzierungsverboten und dem Gebot der Systemgerechtigkeit

---

[249] BVerfGE 9, 124 (129); siehe etwa auch BVerfGE 15, 167 (201); 23, 12 (24 f.); 25, 269 (293); 48, 227 (235); 50, 177 (186).

[250] BVerfGE 12, 341 (348); ähnlich auch BVerfGE 42, 374 (388); 51, 1 (23).

[251] Siehe hierzu HEUN, in: Dreier, GG, Bd. I, Art. 3 Rn. 72; STARCK, in: v. Mangoldt/Klein/Starck, GG, Bd. 1, Art. 3 Rn. 138, beide mit zahlreichen weiteren Nachweisen.

[252] BVerfGE 84, 90 (126) mit Bezug auf BVerfGE 13, 39 (43); 27, 253 (270, 283); 41, 126 (150, 153); siehe auch BVerfGE 24, 203 (215); 71, 66 (76 f.).

[253] BVerfGE 27, 253 (286).

[254] So STARCK, in: v. Mangoldt/Klein/Starck, GG, Bd. 1, Art. 3 Rn. 138; vgl. auch HEUN, in: Dreier, GG, Bd. I, Art. 3 Rn. 72.

bleibt,[255] hat sich auch die Anwendung des Art. 3 Abs. 1 GG bei neuen Wiedergutmachungsansprüchen auszuwirken, die sich aufgrund einer Erweiterung des Kreises der Begünstigten ergeben. Freilich soll das nicht heißen, dass der Gesetzgeber hierdurch von seiner Pflicht zur substantiellen Gleichbehandlung der vor und der nach 1949 Enteigneten somit quasi wiederum befreit wäre. Vielmehr darf er, wenn er denn Wiedergutmachung durch Rückgabe der enteigneten Objekte in Natur an die nach 1949 Enteigneten gewährt, wie oben erörtert, nicht diese Wiedergutmachungsform für die Gruppe der vor 1949 Enteigneten grundsätzlich ausschließen. Ihm kann es jedoch nicht versagt sein, mit Feststellung der aus Gleichheitsgründen notwendigen Erweiterung des Kreises der Begünstigten das Maß der Wiedergutmachung vor dem Hintergrund der zu erbringenden Leistung für das gesamte Gemeinwesen erneut zu bemessen. Zur Lösung der neu anstehenden Wiedergutmachungsansprüche muss es dem Gesetzgeber im Rahmen des Gerechtigkeitsgebots möglich bleiben, darüber zu bestimmen, welchen Weg er zur Erreichung eines, wie es in Satz 2 der Präambel der Gemeinsamen Erklärung heißt, „sozial verträglichen Ausgleichs unterschiedlicher Interessen" als zweckmäßig und politisch vertretbar erachtet. Dabei gilt gleichermaßen der in der Präambel der Gemeinsamen Erklärung selbst bestimmte Weg, dass sich die Lösung der anstehenden Vermögensfragen zu orientieren hat an den Grundsätzen der Rechtssicherheit und Rechtseindeutigkeit sowie am Recht auf Eigentum. „Nur so kann der Rechtsfriede ... dauerhaft gesichert werden."[256]

Wiedergutmachung kann nicht bedeuten, das Rad der Geschichte einfach zurückzudrehen. Ist nach Festlegung der Qualität, Höhe und Umfang der einzelnen Wiedergutmachungsansprüche zu einem späteren Zeitpunkt der Kreis der Begünstigten aus Gleichheitsgründen zu erweitern, so kann eine neue Wiedergutmachungsregelung nur dann zu einer Befriedung führen, wenn sie auf Konsens gerichtet und unter Berücksichtigung der übrigen Staatsaufgaben überhaupt realisierbar ist. Dabei wird man im vorliegenden Fall mit Blick auf eine Regelungsmöglichkeit des Gesetzgebers auch zu berücksichtigen haben, dass er den Gleichheitsverstoß, wie oben ausgeführt,[257] aufgrund des verfassungsrechtlich zu beachtenden Vertrauensschutzes ja nicht einfach dadurch beseitigen kann, dass auch die bisher Begünstigten die Begünstigung verlieren. Dem Gesetzgeber ist es wegen Unvereinbarkeit mit dem Gleichheitssatz nicht möglich, die bislang

---

[255] Vgl. STARCK, in: v. Mangoldt/Klein/Starck, GG, Bd. 1, Art. 3 Rn. 164; HEUN, in: Dreier, GG, Bd. I, Art. 3 Rn. 74.
[256] Satz 4 der Präambel der Gemeinsamen Erklärung.
[257] Siehe unter E. 2. a).

vorgesehene Wiedergutmachung durch den Grundsatz der Rückgabe der enteigneten Objekte in Natur in Zukunft für niemanden mehr zu gewähren. Weiterhin wird man auch nicht unberücksichtigt lassen können, dass der Gesetzgeber den Grundsatz der Rückgabe womöglich anders ausgestaltet hätte, wäre der Kreis der Begünstigten schon damals erweitert gewesen. Denn so wäre er im Zeitpunkt der Regelung der offenen Vermögensfragen durch das Gleichheitsgebot etwa nicht daran gehindert gewesen, die Wiedergutmachung in Form der Rückgabe unter Berücksichtigung eines größeren Kreises von Begünstigten an gewisse Bedingungen zu knüpfen und sie wertmäßig zu reduzieren. Solange die Bedingung bzw. Belastung alle Begünstigten gleichermaßen trifft, ist der Gleichheitssatz nicht verletzt.

In diesem Zusammenhang sei darauf hingewiesen, dass ursprünglich im Regierungsentwurf eines Entschädigungs- und Ausgleichsleistungsgesetzes[258] auch einmal eine Vermögensabgabe auf restituierte Grundstücke vorgesehen war. Diese sollte von denen erhoben werden, die ihr Vermögensgut in natura unentgeltlich zurückerhielten und den Entschädigungs- und Ausgleichsleistungsberechtigten zugute kommen. Mit der Vermögensabgabe sollte die „Wertschere" zwischen Restitution und Entschädigung/Ausgleichsleistung gemildert und so die vermögenswerte Gleichheit zwischen Restitution und Entschädigung/Ausgleichsleistung wiederhergestellt werden.[259] Die Vermögensabgabe wäre also nicht nur ein Finanzierungsmittel gewesen, sondern kann geradezu auch als ein Instrument zur Wahrung der verfassungsrechtlich gebotenen Gleichbehandlung, der annähernden Gleichheit zwischen den Wiedergutmachungsberechtigten, angesehen werden.[260] Auf sie wurde jedoch verzichtet. Trotz aller Einwände, die gegen eine Vermögensabgabe erhoben wurden, ist jedoch festzustellen, dass eine Vermögensabgabe jedenfalls ein denkbares Mittel wäre, um einer Gleichbehandlung zwischen den Gruppen der Betroffenen, zwi-

---

[258] Art. 3 des Gesetzentwurfs der Bundesregierung für ein Gesetz über die Entschädigung nach dem Gesetz zur Regelung offener Vermögensfragen und über staatliche Ausgleichsleistungen für Enteignungen auf besatzungsrechtlicher oder besatzungshoheitlicher Grundlage (Entschädigungs- und Ausgleichsleistungsgesetz – EALG), BT-Drucks. XII/4887, S. 31 f., 40 ff.

[259] Vgl. zur angedachten Vermögensabgabe sowie den geltend gemachten Zweifeln an ihrer Zulässigkeit etwa OSSENBÜHL, in: HStR IX, § 212 Rn. 114 ff.; PAPIER, in: HStR IX, § 213 Rn. 43 ff.; DERS., in: Festschrift Carl Heymanns Verlag, S. 147 (156 ff.); WENDT, in: Sachs, GG, Art. 143 Rn. 40; SCHWARZ, in: v. Mangoldt/Klein/Starck, GG, Bd. 3, Art. 143 Abs. 3 Rn. 71.

[260] Vgl. OSSENBÜHL, in: HStR IX, § 212 Rn. 117; PAPIER, in: HStR IX, § 213 Rn. 44, jeweils m.w.N.

schen den Rückübertragungsberechtigten einerseits und den nur Entschädigungs-/Ausgleichsleistungsberechtigten andererseits zu entsprechen.[261] Auch wenn es im vorliegenden Fall nicht um eine Herstellung einer vermögenswerten Gleichheit zwischen den Restitutions- und den nur Entschädigungs-/Ausgleichsleistungsberechtigten, sondern um eine Restitutions-Gleichheit geht, so zeigen der damalige Entwurf der Bundesregierung und die dahinter stehenden Überlegungen doch eines ganz deutlich: Bei der Ausgestaltung der Wiedergutmachung geht es entscheidend auch darum, die Gesamtheit des auszugleichenden Unrechts zu berücksichtigen und systemintern eine annähernde Gleichbehandlung der Opfer zu erreichen. Ziel ist, ein ausgewogenes Wiedergutmachungssystem im Ganzen zu erreichen. Auch wenn im Zeitpunkt der Formulierung der Eckwerte der Gemeinsamen Erklärung der Gedanke der vollwertigen, bedingungslosen Restitution für die nach 1949 Enteigneten beherrschend war, so hat doch der Gesetzgeber für die Wiedergutmachung von Unrecht die gesamte Regelungsmaterie in den Blick zu nehmen und möglichst zu einem Konsens zu führen. Dabei können ihm auch Differenzierungen nicht verwehrt sein, so lange mit ihnen nur dem Gleichheitsgebot substantiell Rechnung getragen wird und die mit ihnen verbundenen Folgen sozialverträglich sind.

Dies hat auch das Bundesverfassungsgericht in seinem ersten Bodenreformurteil herausgestellt. So weist es in seinen Ausführungen zum Umfang der damals noch nicht gesetzgeberisch ausgestalteten Wiedergutmachungsform der Ausgleichsleistungen auf das Ermessen bzw. die Gestaltungsfreiheit des Gesetzgebers hin, den ganzen Komplex der Wiedergutmachung früheren Unrechts in der ehemaligen sowjetisch besetzten Zone und späteren DDR sowie die derzeitige gesellschaftliche wie wirtschaftliche Lage des wiedervereinten Deutschlands in Bedacht zu nehmen. Der Gesetzgeber darf nach Auffassung des Bundesverfassungsgerichts „bei der Bemessung von Wiedergutmachungsleistungen ... im Rahmen des ihm ohnehin zustehenden Gestaltungsspielraums auch darauf Rücksicht nehmen, welche finanziellen Möglichkeiten er unter Berücksichtigung der sonstigen Staatsaufgaben hat. Die für den Ausgleich von Kriegsfolgeschäden entwickelten Grundsätze gelten insoweit entsprechend. Der Gesetzgeber darf danach das Gesamtvolumen der wiedergutzumachenden Schäden – zu denen nicht nur Schäden an Eigentum gehören – berücksichtigen. Bei der Gewichtung

---

[261] Zustimmend zu einer Vermögensabgabe als Mittel zur Schließung der Wertschere zwischen Restitution und Entschädigung/Ausgleichsleistung etwa auch PAPIER, in: Maunz/Dürig, GG, Bd. II, Art. 14 Rn. 261 ff.; DERS., in: HStR IX, § 213 Rn. 44; OSSENBÜHL, in: HStR IX, § 212 Rn. 117; SCHWARZ, in: v. Mangoldt/Klein/Starck, GG, Bd. 3, Art. 143 Abs. 3 Rn. 82; KIRN, in: v. Münch/Kunig, GG, Bd. 3, Art. 143 Rn. 23 f.

der Eigentumsschäden ist zu bedenken, dass in der fraglichen Zeit auch andere Güter – etwa Leben, Gesundheit, Freiheit und berufliches Fortkommen – beeinträchtigt worden sind. Darüber hinaus darf der Gesetzgeber aber auch auf die Erfüllung der neuen Aufgaben Bedacht nehmen, die sich aus dem Wiederaufbau in den neuen Bundesländern ergeben. Bei der Einschätzung der wirtschaftlichen und finanziellen Lage des Staates und der Gewichtung der einzelnen Staatsaufgaben kommt ihm dabei ein besonders weiter Beurteilungsraum zu."[262] Neben diesen bei seiner Ausgestaltung der Wiedergutmachungsleistung berücksichtigungsfähigen Umständen hat das Bundesverfassungsgericht auch darauf hingewiesen, dass für den Gesetzgeber Differenzierungen unter den Opfern nicht ausgeschlossen sind. Insofern hält es als Umstände, die für eine Differenzierung herangezogen werden können, neben verschiedenen rechtsstaatlichen Defiziten, die beide Gruppen von Enteignungen (die vor und die nach 1949) nach den Gerechtigkeitsvorstellungen des dem Grundgesetz verpflichteten Gesetzgebers aufweisen, den größeren zeitlichen Abstand bzw. die Nähe zum geschehenen Unrecht fest sowie die Tatsache, dass die Enteignungen vor 1949 maßgeblich durch die Hoheitsgewalt der Besatzungsmacht veranlasst oder jedenfalls gedeckt worden sind, während die Enteignungen nach 1949 ausschließlich durch DDR-Staatshand durchgeführt wurden.[263]

Diese vom Bundesverfassungsgericht aufgezeigten Orientierungs- und Abwägungskriterien werden auch mit Blick auf die Frage einer substantiellen Gleichbehandlung hinsichtlich des Grundsatzes der Rückgabe der vor und der nach 1949 Enteigneten im Kern nicht unberücksichtigt bleiben können. Auch wenn die genannten Maßstäbe auf den Umfang der anstelle der Restitution an die vor 1949 Enteigneten zu gewährenden Ausgleichsleistungen bezogen sind, so geht es doch hier wie dort darum, den Kreis der Wiedergutmachungsberechtigten zu erweitern und in das bereits bestehende Wiedergutmachungssystem zu einem späteren Zeitpunkt noch weitere Regelungen mit aufzunehmen. Dabei ist mit Blick auf den vorliegenden vom Gesetzgeber noch zu regelnden Sachverhalt vor allem auch folgender nicht unbedeutender Gesichtspunkt zu berücksichtigen: Während für den Gesetzgeber aufgrund der Bestimmung der Nr. 1 S. 4 der Gemeinsamen Erklärung bereits feststand, dass er einfachgesetzlich eine entsprechende Regelung zu treffen haben wird, ist dies für den Gesetzgeber mit Blick auf eine Geltung des Rückgabegrundsatzes – wie er sich unter Zugrundelegung der von Frau PAFFRATH aufgestellten Thesen ergibt – auch für die vor 1949 Enteigneten bislang nicht absehbar gewesen. Im Gegenteil durfte der Ge-

---

[262] BVerfGE 84, 90 (130 f.).
[263] BVerfGE 84, 90 (129).

setzgeber nach den beiden Bodenreformurteilen des Bundesverfassungsgerichts aus den Jahren 1991 und 1996 ja davon ausgehen, dass die substantiell unterschiedliche Behandlung der vor 1949 und der nach 1949 Enteigneten hinsichtlich der Restitution verfassungsgemäß ist. Dass sich diese Bewertung nachträglich einmal grundlegend ändern könnte, damit musste der Gesetzgeber nicht rechnen. Ihm kann es daher – quasi erst recht – nicht versagt sein, seinen Gestaltungsspielraum für Wiedergutmachungsregelungen zu nutzen und seiner Entscheidung über die Art und Weise der Ausgestaltung der Wiedergutmachung den gesamten Komplex des staatlichen Unrechts auf dem Gebiet der ehemaligen DDR seit 1945 zugrunde zu legen und dabei auch zeitliche Grenzen zu ziehen. Denn eines steht fest: Mit dem Einbezug der vor 1949 Enteigneten in den Grundsatz der Rückgabe läge jedenfalls eine Durchbrechung des bislang praktizierten Wiedergutmachungskonzepts vor, wie es in der Gemeinsamen Erklärung niedergelegt und gemäß Art. 41 Abs. 1 EV Bestandteil des Einigungsvertrags geworden ist. Der Grundsatz der vollwertigen Restitution für die nicht auf besatzungsrechtlicher oder besatzungshoheitlicher Grundlage Enteigneten wurde zu einem Zeitpunkt formuliert, als feststand, dass die auf besatzungsrechtlicher bzw. besatzungshoheitlicher Grundlage durchgeführten Enteignungen nicht mehr rückgängig gemacht würden. Ob dies auch realisiert worden wäre, wenn weitere Rückgabeansprüche in Folge absehbar gewesen wären, kann und muss offen bleiben. Jedoch bleibt es jetzt ebenso wie damals der Gestaltungsfreiheit des Gesetzgebers überlassen, die Ausgestaltung der Wiedergutmachung, hier also die Ausgestaltung des vom Kern her gebotenen Grundsatzes der Rückgabe für die vor 1949 Enteigneten neu vorzunehmen. Dabei genügt es ja nach der Rechtsprechung des Bundesverfassungsgerichts für eine Wiedergutmachungsregelung, wenn „die gesetzliche Regelung in groben Zügen dem Gerechtigkeitsgebot entspricht".[264] Dem Gesetzgeber wird es daher nicht verwehrt sein können, gerade auch auf die differenzierenden Merkmale der vom Grundsatz her gleich zu behandelnden Gruppen abzustellen, um so im Rahmen des gesamten Wiedergutmachungssystems und mit Blick darauf, dass Wiedergutmachung nicht bedeutet, das Rad der Geschichte einfach zurückzudrehen, für eine – gerade auch sozial verträgliche – ausgleichende Gerechtigkeit zu sorgen. Denn es geht bei der Wiedergutmachung nicht darum, Enteignungen in der früheren sowjetisch besetzten Zone und späteren DDR zu einem eigentumsrechtlich dem Art. 14 GG gemäßen Abschluss zu bringen. Vergleichbare Gruppen sind zwar substantiell gleichzustellen. Doch müssen dem Gesetzgeber gerade bei einer nachträglichen Erweiterung des Begünstigtenkreises Spielräume bleiben. Hierbei

---

[264] BVerfGE 27, 253 (286).

muss er seinen politischen Entscheidungen auch das Gesamtgefüge bereits bestehender Regelungen und sonstige Rahmenbedingungen der Wiedervereinigung wie besonders die wirtschaftlichen Aspekte und auch den von der Gesamtheit der Bevölkerung zu leistenden Beitrag zum Wiederaufbau zugrunde legen. Dabei ist der Gesetzgeber freilich nicht zu beliebig weitgehender Gestaltung ermächtigt. Vielmehr hat er aus Gleichheitsgründen am Grundsatz der Rückgabe zu verfahren. Es darf also nicht zu einem Systembruch kommen, sondern es ist darauf zu achten, dass die „Wertschere" zwischen den nach 1949 und den vor 1949 Enteigneten noch in einem sozial verträglichen Rahmen liegt und kein krasses Ungleichgewicht zu den bereits Begünstigten entsteht.

In diesem Zusammenhang ist der Blick auf die vom Gesetzgeber getroffene Lösung für die von der DDR-Macht durchgeführten Enteignungen von Grundstücken zur „Sicherung" der innerdeutschen Grenze besonders hilfreich. Die sog. Mauergrundstücke[265] sind nach Art. 21, 22 EV Eigentum des Bundes geworden. Ihre Enteignungen unterfallen nicht dem VermG. Bereits im Jahr 1994 hat das Bundesverwaltungsgericht entschieden, dass auf der Grundlage des Verteidigungsgesetzes der DDR erfolgte Enteignungen grundsätzlich nicht dem Geltungsbereich des § 1 Abs. 3 VermG unterfallen, da diese – unter Zugrundelegung der „Rechtswirklichkeit" der DDR – von einer Rechtsgrundlage gedeckt waren.[266] Das galt und gilt auch für die Enteignungen von Grundstücken zum Zwecke des Mauerbaus, die ebenfalls auf den für jedermann geltenden innerstaatlichen Regelungen der DDR beruhten und sich demzufolge nicht als individuelle Unrechtsmaßnahme darstellten.[267] Mangels Geltung des VermG für die Mauergrundstücke greift auch für sie nicht der Grundsatz der Rückgabe vor Entschädigung. Und dies, obwohl der Enteignungszweck, freies Schussfeld zu schaffen und Fluchtversuche zu verhindern, „sinnfälliger Ausdruck des Unrechtsregimes in der früheren DDR"[268] war und die Rechtsstaatswidrigkeit auf der Hand lag. Für die Mauergrundstücke wurde 1996 die vom Bundestag beschlossene „Ankaufslösung" Gesetz.[269] Danach können die früheren Eigentümer

---

[265] Zur Problematik der Mauergrundstücke vgl. BLUMENWITZ, in: HStR IX, § 211 Rn. 36, 95; OSSENBÜHL, ebd., § 212 Rn. 27, jeweils m.w.N.

[266] BVerwG, Beschluss v. 21.11.1994 – 7 B 91/94, in: NJ 1995, 218 f.

[267] OSSENBÜHL, HStR IX, § 212 Rn. 27.

[268] So der vom Bundesrat am 10.06.1994 beschlossene Entwurf eines Gesetzes zur Einbeziehung der Mauer- und Grenzgrundstücke in das Vermögensgesetz (BT-Drucks. 12/8427); siehe auch WASSERMANN, NJW 1995, 109 f.

[269] Gesetz über den Verkauf von Mauer- und Grenzgrundstücken an die früheren Eigentümer und zur Änderung anderer Vorschriften vom 15.07.1996 (BGBl. I, S. 980).

der Mauergrundstücke oder ihre Erben die entsprechenden Grundstücke zu einem Preis von 25 % des Verkehrswertes bei Vertragsabschluss erwerben, sofern der Bund diese Grundstücke nicht für dringende eigene öffentliche Zwecke verwenden oder im öffentlichen Interesse an Dritte veräußern will. Im letzteren Fall haben die ehemaligen Eigentümer einen Anspruch auf Entschädigung von 75 % des Verkehrswertes. Die Regelung stellt letztlich nichts anderes dar als eine Durchlöcherung des Restitutionsgrundsatzes. Auch sie stand in der Ermessensfreiheit des Gesetzgebers und ist sicherlich als Kompromiss zu werten. Sie zeigt aber, dass eine einschränkende Ausgestaltung der Restitution für den Gesetzgeber jedenfalls keine unübersteigbare Hürde ist. Die Gewährung eines Rückkaufrechts zu 25 % an die von den Enteignungen Betroffenen ist für die Enteigneten ideell zwar schmerzlich. Unter Abwägung der Interessen der Beteiligten und der Allgemeinheit und mit Blick auf die konkrete Eigenart des Enteignungs-Sachverhalts wird man jedoch von einem realiter vertretbaren Wiedergutmachungsergebnis auszugehen haben.

Im Rahmen seines Gestaltungsspielraums hat der Gesetzgeber vor allem auch darauf zu achten, dass die Wiedergutmachung als eine dem Rechtsfrieden dienende, sozial verträgliche Leistung akzeptiert wird.[270] Der Gesetzgeber muss mit – zumindest weitgehendem – Konsens rechnen können, da ansonsten der Rechtsfriede dauerhaft nicht gesichert ist. Gerade vor diesem Hintergrund ist zu berücksichtigen, dass sich die enteigneten nicht im privaten Besitz befindlichen und daher grundsätzlich rückgabefähigen Grundstücke in öffentlicher Hand, gerade auch in Hand der ostdeutschen Bundesländer befinden. Die öffentliche Hand in den ostdeutschen Bundesländern wäre durch einen Entzug ihrer Vermögenswerte nicht unerheblich belastet, bedenkt man etwa die aus der Bewirtschaftung der Grundstücke fließenden Erträge und ihren Einbezug in die Langfristplanung von Haushalten. Eine Rückabwicklung würden die ostdeutschen Länder schwerlich untätig hinnehmen, insbesondere wenn diese ohne jegliche Kompensation erfolgen sollte. Vielmehr müsste damit gerechnet werden, dass sie versuchen würden, gegen eine sie verpflichtende Rückerstattung prozessual vorzugehen, wobei eine Geltendmachung ihrer Rechte auf Grundlage des Art. 44 EV erfolgen könnte.[271] Der Rechtsfriede wäre in diesem Fall also alles andere als wiederhergestellt, sondern noch mehr gefährdet.

Der Gesamtwert der Mauergrundstücke wird auf etwa 500 Mio. DM, also rund 250 Mio. Euro geschätzt; vgl. MEYER, VIZ 1996, 314 m.w.N.

[270] Siehe insoweit auch die Zielvorgabe in der Präambel der Gemeinsamen Erklärung.

[271] In Art. 44 EV heißt es: „Rechte aus diesem Vertrag zugunsten der Deutschen Demokratischen Republik oder der in Artikel 1 genannten Länder [gemeint sind die ostdeutschen Bun-

Um eine für alle Seiten gerechte und tragbare Regelung zu schaffen, wird der Gesetzgeber, wie zuvor skizziert, bei der Ausgestaltung des auch für die vor 1949 Enteigneten anzuwendenden Grundsatzes der Rückgabe zum einen die bisherigen Wiedergutmachungsregeln als Ganzes sowie zum anderen die Interessenlage des Gemeinwesens wie auch die Eigenart des zu regelnden Gegenstandes in den Blick nehmen dürfen und müssen. Zu welcher das Gleichheitsgebot beachtenden Regelung er letztlich kommen wird, obliegt seiner gesetzgeberischen Einschätzungsprärogative. Mit Blick darauf, dass Wiedergutmachung nicht automatisch bedeutet, einen Status ex ante wiederherstellen zu müssen, wird es dem Gesetzgeber nicht verwehrt sein, Differenzierungen bei der Ausgestaltung der Wiedergutmachung auch mit Blick auf den größeren zeitlichen Abstand zum geschehenen Unrecht vorzunehmen. Ebenso wie die vom Rechtsstaat gebotene Differenzierung nach dem Zweck der Enteignung nicht völlig ausgeblendet werden darf, muss es dem Gesetzgeber auch möglich sein, unter Abwägung sämtlicher Faktoren den Zeitpunkt der Enteignungen und die Grundlage, auf der sie erfolgten, in den Blick zu nehmen und zu gewichten. Der Restitutionsgrundsatz kann nicht mehr ohne Verfassungsverstoß wieder rückgängig gemacht werden. Mit Feststellung einer notwendigen substantiellen Gleichstellung der vor 1949 Enteigneten mit denen nach 1949 Enteigneten, wird der Gesetzgeber erneut den elementaren Rechtsgedanken der ausgleichenden Gerechtigkeit in positives Recht umzusetzen haben. Dabei wird er zu einer gesamtwirtschaftlich tragbaren Lösung kommen müssen, die, um den Rechtsfrieden nicht noch weiter zu strapazieren, und gerade auch vor dem Hintergrund der Abgabelast der Gesamtbevölkerung, so gestaltet sein muss, dass sie allgemein als Vermittlungsergebnis Akzeptanz finden kann. Insofern wäre eine Ausgestaltung des Grundsatzes der Rückgabe analog zur Regelung der Mauergrundstücke durchaus denkbar und praktikabel. Um dem Gerechtigkeitsgebot zu genügen, wird es jedoch letztlich entscheidend darauf ankommen, dass im zurückgegebenen Wert trotz etwaiger Einschränkungen oder Lasten im Kern der Gedanke der Rückgabe zu erkennen ist. Insoweit dürfte ein Lastenausgleich für die Wiederherstellung des Rechtsfriedens in Höhe von 25 % des Verkehrswertes allerdings schon das Limit darstellen.

---

desländer] können nach Wirksamwerden des Beitritts von jedem dieser Länder geltend gemacht werden."

3. Proaktive Regelungsmöglichkeit des Gesetzgebers

Selbst wenn es nicht zu einer neuen Entscheidung des Bundesverfassungsgerichts, einer Unvereinbarerklärung des § 1 Abs. 8 a VermG und damit zu einem Ausspruch der Verpflichtung des Gesetzgebers, den verfassungswidrigen Zustand zu beseitigen, kommen sollte, wäre der Gesetzgeber freilich aufgefordert, von sich aus auf der Grundlage des Ergebnisses der Paffrath-Arbeit tätig zu werden. So hätte er die Möglichkeit durch einfachen Federstrich den Ausschluss der Enteignungen 1945 bis 1949 aus der Restitutionsregelung des VermG schlicht zu streichen und den Weg für eine grundsätzliche Rückgabe des enteigneten Vermögens freizugeben. Entsprechendes gilt für die Regelung des Art. 41 EV, der als einfaches Bundesrecht (s. Art. 45 Abs. 2 EV) ebenfalls jederzeit durch den Bundesgesetzgeber geändert werden könnte. Einem derartigen Vorstoß dürften allerdings einige Hürden entgegenstehen. So müsste angesichts der Tatsache, dass mit dem Ergebnis der Paffrath-Arbeit, die Urteilsfindung des Bundesverfassungsgerichts beruhe auf falscher Tatsachengrundlage, der Vorwurf einhergeht, die an der Wiedervereinigung maßgeblich beteiligten – und auch heute teilweise noch aktiven – Politiker hätten das Rückgabeverbot selbst betrieben und gegen ihren verfassungsrechtlichen Auftrag gehandelt, sicherlich mit einem erheblichen Sperrkonsens gegen eine Gesetzesänderung gerechnet werden.[272] Hinzu kommt die derzeitige wirtschaftliche und finanzielle Lage des Staates, die eine auf Rückgabe der in Staatshand befindlichen Vermögenswerte an die vor 1949 Enteigneten angelegte Gesetzesänderung in sämtlichen Reihen des Bundestages vermutlich auf Widerstand stoßen lassen würde. Dabei wird man zudem nicht ausschließen können, dass auch irrationale Gesichtspunkte – hier seien nur die Vokabeln „Junker" und „Großgrundbesitzer" genannt – einen gewissen Einfluss auf das Abstimmungsverhalten ausüben würden.[273] Schließ-

---

[272] Andererseits deutet ein an Heiko Peters gerichteter Brief des ehemaligen Bundesjustizministers SCHMIDT-JORTZIG vom 2. Februar 2004 in eine andere Richtung: das ehemalige Mitglied der Bundesregierung ist der Ansicht, dass die in der Gemeinsamen Erklärung genannte „Ausgleichsleistung" ihrer ursprünglichen Konzeption nach auf eine möglichst weitgehende Eigentumsrückgabe an die zwischen 1945 und 1949 Enteigneten gerichtet gewesen sei.

[273] An dieser Stelle sei auf die bemerkenswerte Erklärung von 68 Fraktionsmitglieder der CDU/CSU-Fraktion am 20. September 1990 zu ihrem damaligen Abstimmungsverhalten hinsichtlich des Zustimmungsgesetzes zum Einigungsvertrag hingewiesen, die vor allem auch zeigt, von welchem politischen Druck und welchen Beweggründen ihr Abstimmungsverhalten geprägt war. So heißt es in der Erklärung: „Die im Einigungsvertrag vorgesehene Aufnahme eines neuen Art. 143 Abs. 3 in das Grundgesetz sowie die damit verbundene Anerkennung der

lich könnten bei alledem auch moralische Überlegungen einfließen: Im Zusammenhang mit der Unterzeichnung des Zwei-plus-Vier-Vertrages am 12. September 1990 in Moskau richteten die beiden deutschen Außenminister HANS-DIETRICH GENSCHER und LOTHAR DE MAIZIÈRE einen Gemeinsamen Brief an die Außenminister der Siegermächte, der diese über Fragen des Rechts im wiedervereinten Deutschland informierte.[274] Hierin wird auch Bezug genommen auf die Gemeinsame Erklärung sowie Art. 41 Abs. 1 und 3 EV und bestätigt, dass die Regierungen der beiden deutschen Staaten die darin enthaltenen Regelungen und damit auch den absoluten Restitutionsausschluss für die auf besatzungsrechtlicher bzw. besatzungshoheitlicher Grundlage durchgeführten Enteignungen getroffen haben. Auch wenn mit dem Gemeinsamen Brief der Außenminister kein völkerrechtlich verbindliches Versprechen abgegeben wurde,[275] so erzeugte er doch zumindest politische Bindungswirkungen. Insofern wird man ohne einen bundesverfassungsrechtlichen Ausspruch zur Beseitigung des als gleichheitswidrig erkannten Begünstigungsausschlusses auch diesbezügliche Ressentiments gegen eine Gesetzesänderung zu überwinden haben.

---

sog. Bodenreform lehnen wir ab. Da nur über den Einigungsvertrag als Ganzes abgestimmt wird und wir nicht durch ein negatives Stimmverhalten die Wiederherstellung der Einheit Deutschlands gefährden wollen, geben wir diese Erklärung zu Protokoll: Unser Grundgesetz garantiert in Art. 14 den Schutz des Eigentums ... Durch die Aufnahme des Art. 143 Abs. 3 in das Grundgesetz und durch Art. 41 des Einigungsvertrages in Verbindung mit der Gemeinsamen Erklärung der beiden Regierungen der Bundesrepublik Deutschland und der Deutschen Demokratischen Republik wird ein Grundrecht in seinem Wesensgehalt angetastet. Die unterschiedliche Behandlung von Geschädigten während der Zeiträume 1945 bis 1949 und 1949 bis dato verstößt auch gegen das Gleichheitsgebot (Art. 3 GG). Die von 1945 bis 1949 in der ehemaligen SBZ durchgeführte Bodenreform hatte keine Rechtsgrundlage. Vielmehr handelte es sich um politisch motivierte Willkürakte ... Eine wie auch immer geartete Anerkennung der mit brutaler Gewalt erzwungenen Bodenreform lehnen wir aus moralischen, rechtlichen und politischen Gründen ab. Ein gesamtdeutsches Parlament muss deshalb nicht nur eine angemessene Entschädigung durch Ausgleichszahlungen und/oder Landrückgabe an die durch die Bodenreform Betroffenen sicherstellen, sondern auch den Art. 143 Abs. 3 unseres Grundgesetzes aufheben, weil er mit Art. 14 nicht zu vereinbaren ist" (Erklärung der Abgeordneten V. SCHMUDE, OLDEROG, ENGELSBERGER u.a., Verh. BT, 11. WP 1990, Sten. Ber., Bd. 154, S. 17948; siehe hierzu auch STERN, Das Staatsrecht der Bundesrepublik Deutschland, Bd. V, S. 2133 f.).

[274] Abgedruckt bei STERN/SCHMIDT-BLEIBTREU, Verträge und Rechtsakte zur Deutschen Einheit, Bd. 3, S. 93 f.

[275] Hinsichtlich der unterschiedlichen Auffassungen zur Frage eines Hinzutretens einer völkerrechtlichen Komponente zur Gemeinsamen Erklärung durch den Gemeinsamen Brief siehe die zahlreichen Nachweise bei STERN, Das Staatsrecht der Bundesrepublik Deutschland, Bd. V, S. 2140.

Etwaigen Einwänden, dass das Bundesverfassungsgericht mit seinen Bodenreformurteilen die „Restitution" der vor 1949 Enteigneten ausgeschlossen habe, und es dem Gesetzgeber daher ohne bundesverfassungsgerichtlichen Auftrag grundsätzlich verwehrt sei, den vor 1949 Enteigneten eine Möglichkeit des Rückerhalts einzuräumen, ließe sich jedenfalls mit den eigenen Ausführungen des Bundesverfassungsgericht begegnen. So hat das Bundesverfassungsgericht ja bereits in seinem ersten Bodenreformurteil ausdrücklich klargestellt, dass es die in Nr. 1 S. 1 der Gemeinsamen Erklärung vorgesehene Nicht-Rückgängigmachung der Enteignungen nicht ausschließt, „dass im Rahmen der beabsichtigten Ausgleichsregelung den Betroffenen auch die Möglichkeit eines Rückerwerbs ihres ehemaligen Eigentums eingeräumt wird, soweit dies im Einzelfall möglich und von der Interessenlage her angezeigt ist".[276] Vor diesem Hintergrund wäre es also auch durchaus denkbar, dass sich der Gesetzgeber im Rahmen der Gewährung von Ausgleichsleistungen für eine Rückerwerbsoption entschließt, die den Grundsatz der Rückgabe für die vor 1949 Enteigneten durch eine „Vermögensabgabe" als Regulativ ausgestaltet. Nicht eingreifen könnte hiergegen freilich der Einwand, mit § 3 des Ausgleichsleistungsgesetzes (AusglLeistG) bereits eine entsprechende Rückgabemöglichkeit geschaffen zu haben. Denn eine Regelung, die substantiell den Grundsatz der Rückgabe widerspiegelt, ist § 3 AusglLeistG zweifelsfrei nicht.[277] Nicht nur, dass diese Regelung auch anderen Personen als den auf besatzungsrechtlicher oder besatzungshoheitlicher Grundlage Enteigneten einen Rückerwerb einräumt und die Rückerwerbsberechtigung durch Bedingungen[278] erschwert. Vielmehr besteht die Wiedererlangung hier in einem vollständigen Rückkauf des Eigentums. Um dem Gebot der substantiellen Gleichbehandlung gerecht zu werden, müsste daher der Rückkaufspreis erheblich herabgesetzt werden und zwar dergestalt, dass – wie oben bereits erörtert – der Rückgabewert weit über der zu erbringenden Gegenleistung liegt, diese sich mehr oder weniger einem „symbolischen" Betrag nähert.

---

[276] BVerfGE 84, 90 (127).

[277] § 3 AusglLeistG sieht den Erwerb von ehemals volkseigenen, von der Treuhandanstalt zu privatisierenden landwirtschaftlichen Flächen vor und zählt zu den Erwerbsberechtigten Personen auch solche „denen land- und forstwirtschaftliche Vermögenswerte durch Enteignung auf besatzungsrechtlicher oder besatzungshoheitlicher Grundlage entzogen worden sind".

[278] Bedingung ist bspw. bereits gemäß § 3 Abs. 1 AusglLeistG das Erfordernis, am 01.10.1996 ehemals volkseigene landwirtschaftliche Flächen langfristig gepachtet zu haben.

Ein Anstoß zur Schaffung einer neuen Lösung für die auf besatzungsrechtlicher bzw. besatzungshoheitlicher Grundlage durchgeführten Enteignungen könnte neben dem Ergebnis der Paffrath-Arbeit vor allem auch von europäischer Seite kommen. So hat sich zwischenzeitlich auch der Europäische Gerichtshof für Menschenrechte in Straßburg in zwei Verfahren mit den Folgen der Enteignungen zwischen 1945 und 1949 in der sowjetischen Besatzungszone befasst. Dabei geht es in einem Verfahren um das Entschädigungs- und Ausgleichsleistungsgesetz, um die geltend gemachte viel zu geringe Ausgleichsleistung bzw. Entschädigung für die verloren gegangenen Vermögenswerte. Die Beschwerdeführer rügen, dass die unterschiedliche Behandlung, die Einteilung der Enteigneten in eine Gruppe der Restitutionsberechtigten und in eine Gruppe der lediglich Entschädigungs-/Ausgleichsleistungsberechtigten, gegen das Recht auf Gleichbehandlung gemäß Art. 14 der Europäischen Menschenrechtskonvention sowie gegen das im 1. Zusatzprotokoll dieser Konvention niedergelegte Eigentumsrecht verstoße. Sie fordern, wenn möglich, Rückgabe ihrer enteigneten Vermögenswerte, ansonsten zumindest angemessene Entschädigung.[279] Geurteilt hat der Europäische Gerichtshof für Menschenrechte bereits in dem anderen Verfahren, in dem Gegenstand die entschädigungslose Enteignung der sog. Neusiedler nach der Wiedervereinigung war.[280] Das Urteil bezieht sich auf Grundstücke, die aus der Bodenreform in der ehemaligen sowjetisch besetzten Zone stammten und an Vertriebene (Neusiedler) oder an Bauern verteilt worden waren. In dem Gesetz über die Rechte der Eigentümer von Grundstücken aus der Bodenreform vom März 1990, auch als „Modrow-Gesetz" bekannt, wurden den Besitzern dieser Grundstücke die uneingeschränkte Verfügungsgewalt über die Flächen gegeben. Zwei Jahre später wurde dieser Schritt durch den deutschen Bundestag mit dem Zweiten Vermögensrechtsänderungsgesetz[281] wieder rückgängig gemacht. Nur diejenigen, die vor dem 15. März 1990 in der Land-, Forst- oder Nahrungsgüterwirtschaft tätig waren, durften ihre Flächen behal-

---

[279] Das Beschwerdeverfahren vor dem Europäischen Gerichtshof für Menschenrechte, das mit der mündlichen Verhandlung am 29.01.2004 begann, trägt das AZ 71 916/01 (Freiherr von Malzahn u.a.), 71 917/01 (v. Zitzewitz u.a.), 10 260/02 (MAN Ferrostaal und Alfred Töpfer Stiftung).

[280] Urteil v. 22.01.2004, AZ 46720/99, 72203/01/72552/01.

[281] Gesetz zur Änderung des Vermögensgesetzes und anderer Vorschriften v. 14.07.1992 (BGBl. I, S. 1257). Dieses Gesetz änderte das Einführungsgesetz zum Bürgerlichen Gesetzbuch (EGBGB) in Art. 233 durch Einfügung eines zweiten Abschnitts zur Abwicklung der Bodenreform (§§ 11 bis 16), worin die Übertragung von Grundstücken aus der Bodenreform geregelt wird.

ten.²⁸² Die anderen mussten ihr Land entschädigungslos an die jeweiligen Bundesländer abtreten. Diese Entschädigungslosigkeit der Enteignungen nach der Wiedervereinigung verstößt nach Ansicht der Straßburger Richter gegen das 1. Zusatzprotokoll zur Europäischen Menschenrechtskonvention und verletzt damit das Eigentum. Die Bundesrepublik hätte, so die Richter, die Enteigneten nach dem Grundsatz der Verhältnismäßigkeit angemessen entschädigen müssen. Der Schutz der Betroffenen und die Interessen der Öffentlichkeit seien nicht angemessen abgewogen worden.²⁸³ Über eine Entschädigung selbst hat das Gericht nicht entschieden. Vielmehr hat es die Bundesregierung und Beschwerdeführer aufgefordert, innerhalb von sechs Monaten hierzu Stellung zu nehmen.

Die Entscheidung der Straßburger Richter mit ihrem Auftrag an die Bundesrepublik, für eine Entschädigung der Neusiedler Sorge zu tragen, wird nun Bewegung in die Restitutionsfrage bringen. Auf den ersten Blick mag die Entscheidung in einem Widerspruch zu einer neuen Wiedergutmachungslösung für die Alteigentümer stehen – hatten doch die Neusiedler deren Eigentum zugesprochen bekommen und sollen nun eine Entschädigung dafür erhalten, dass sie dieses abtreten mussten. Die Entscheidung schließt jedoch eine Korrektur der Nicht-Rückgängigmachung der vor 1949 auf besatzungsrechtlicher bzw. besatzungshoheitlicher Grundlage durchgeführten Enteignungen keineswegs aus. Insoweit ist gerade auch darauf zu achten, dass die Straßburger Richter betonen, nicht die im Wege des Zweiten Vermögensrechtsänderungsgesetzes erfolgten Enteignungen an sich würden gegen die Europäische Menschenrechtskonvention verstoßen. Vielmehr stellen die Richter heraus, dass das Problem der (fehlende) Inhalt des Gesetzes ist, nämlich die nicht geregelte angemessene Entschädigung.²⁸⁴ Dabei weisen sie mit Blick auf eine zu zahlende Entschädigung bemerkenswerterweise darauf hin, dass bei der Bemessung einer Entschädigung auch das „ursprüngliche Unrecht" bedeutsam sein könne, das die Alteigentümer durch die Bodenreform erlitten hätten. So heißt es hierzu: „...if one were to reason in terms of legitimacy, account would also have to be taken of the initial injustice suffered – as the Government themselves acknowledged in their pleadings – by

---

²⁸² Sie gelten als „zuteilungsfähig" nach Art. 233 § 12 Abs. 3 EGBGB.

²⁸³ Siehe Urteil v. 22.01.2004, Erwägungsgründe Nr. 81 ff.

²⁸⁴ „In the instant case, if the German legislature's intention was to correct *ex post facto* the – in its opinion unjust – effects of the Modrow Law by passing a new law two years later, this did not pose a problem in itself. The problem was the content of the new law. In the Court's view, in order to comply with the principle of proportionality, the German legislature could not deprive the applicants of their property for the benefit of the State without making provision for them to be adequately compensated..." Siehe Erwägungsgrund Nr. 91.

the former owners of the land who were expropriated after 1945 as a result of the land reform. This factor may be relevant in assessing the compensation payable to the applicants."[285] Die Entscheidung der Straßburger Richter hat keine unmittelbare Auswirkung auf die Wiedergutmachungslage der vor 1949 Enteigneten. Vielmehr macht sie mit ihren Ausführungen zur möglichen Bemessung einer Entschädigung einmal mehr die Notwendigkeit der Gesamtbetrachtung von geschehenem Unrecht und damit den elementaren Rechtsgedanken der ausgleichenden Gerechtigkeit deutlich. Wenn eine angemessene Entschädigung für die enteigneten Neusiedler zu leisten ist, so spricht vieles auch für eine angemessene Entschädigung der Alteigentümer, die mit Wegfall eines sachlich rechtfertigenden Grundes für den absoluten Restitutionsausschluss hinsichtlich der auf besatzungsrechtlicher oder besatzungshoheitlicher Grundlage Enteigneten nach einer substantiellen Gleichbehandlung der vor und der nach 1949 Enteigneten verlangt. Die Entscheidung aus Straßburg ist jedenfalls geeignet, einen Anstoß zu geben und die Dinge voranzutreiben. So könnte in einem Gesetzgebungsverfahren zur Regelung einer Entschädigung für die Neusiedler ohne weiteres auch die Rückgabe der vor 1949 enteigneten Vermögenswerte aufgegriffen und mitgeregelt werden. Möglichkeiten, eine Rückgabelösung zu schaffen, sind für den Gesetzgeber jedenfalls vorhanden.

---

[285] Siehe hierzu Erwägungsgrund Nr. 90.

F. Zusammenfassende Thesen

- Geht man auf der Grundlage der von Frau PAFFRATH geführten Nachweise davon aus, dass es den vom Bundesverfassungsgericht in seinen Urteilen zugrunde gelegten sachgerechten Grund für die unterschiedliche Behandlung von Eigentümern vor und nach 1949 nicht gibt, so verletzen die über Art. 143 Abs. 3 GG für verfassungsrechtlich bestandskräftig erklärten Regelungen, nach denen die auf besatzungsrechtlicher bzw. besatzungshoheitlicher Grundlage durchgeführten Enteignungen nicht mehr rückgängig gemacht werden, die Grundelemente des Gleichheitssatzes, die nach Art. 79 Abs. 3 GG unantastbar sind.

- Eine Möglichkeit zur Korrektur hätte das Bundesverfassungsgericht zum einen in neuen Verfahren, sei es in Form von Normenkontrollverfahren oder in Form von Verfassungsbeschwerdeverfahren. Die Rechtskraft seiner beiden Bodenreformurteile stünde dabei einer neuen Entscheidung nicht im Wege, da mit den Ergebnissen aus der Paffrath-Arbeit eine neue Tatsachenbasis und damit ein neuer Verfahrensgegenstand vorliegen würden.

- Das Bundesverfassungsgericht könnte die neuen Erkenntnisse aus der Paffrath-Arbeit jedoch auch zum Anlass für eine – bislang von ihm allerdings noch nicht praktizierte – Wiederaufnahme der „Alt"-Verfahren nehmen.

- Mit dem bundesverfassungsgerichtlichen Ausspruch der Verfassungswidrigkeit der den Restitutionsausschluss enthaltenen Regelungen wäre der Gesetzgeber zur Reaktion und Beseitigung des verfassungswidrigen Zustandes verpflichtet.

- Um keine neuen Ungleichheiten entstehen zu lassen bzw. zu verschärfen, wäre die Gruppe der vor 1949 Enteigneten in den Kreis der Begünstigten mit aufzunehmen. Dabei kann es dem Gesetzgeber nicht versagt sein, seiner Regelungsentscheidung sowohl zeitliche als auch finanzielle und gesellschaftspolitische Parameter als Differenzierungskriterien zugrunde zu legen und den Grundsatz der Rückgabe durch ein Regulativ einer „Vermögensabgabe" auszugestalten.

- Nicht die einzige, aber eine verfassungsrechtlich unbedenkliche Lösung könnte darin bestehen, dass sich der Gesetzgeber an der für die Mauergrundstücke entwickelten Lösung orientiert.

- Die Gestaltung hat in Charakter und Substanz auf faktische Rückgabe gerichtet zu sein.
- Auch ohne gerichtlichen Anstoß durch das Bundesverfassungsgericht ist der Gesetzgeber vor dem Hintergrund der durch die Paffrath-Arbeit ins öffentliche Bewusstsein gelangten Lage aufgerufen, einer neuen Lösung der Restitutionsfrage näher zu treten.

Eine offene enttabuisierte Diskussion würde einer Lösungsfindung förderlich sein und den notwendigen politischen Prozess vorantreiben. Völlig zu Recht erklärte der ehemalige Bundesjustizminister EDZARD SCHMIDT-JORTZIG im Rahmen der im Januar 2004 stattgefundenen „Bitburger Gespräche" der Gesellschaft für Rechtspolitik, es liege nicht am Bundesverfassungsgericht, dass diese Wunde nicht verheile – die Politik habe ihre Möglichkeiten nicht genutzt.[286]

---

[286] Zitiert nach FAZ v. 12.01.2004.

Literaturverzeichnis

BADURA, PETER	Der Verfassungsauftrag der Eigentumsgarantie im wiedervereinigten Deutschland, DVBl. 1990, 1256 ff.
BAUMBACH/LAUTERBACH/ ALBERS/HARTMANN	Zivilprozessordnung – Kommentar, 62. Auflage, München 2004
BENDA/KLEIN	Verfassungsprozessrecht, 2. Auflage, Heidelberg, 2001
BLUMENWITZ, DIETER	Die besatzungshoheitlichen Konfiskationen in der SBZ, BayVBl. 1993, 705 ff.
BLUMENWITZ, DIETER	Intertemporales und interlokales Verfassungskollisionsrecht, in: Isensee/Kirchhof (Hrsg.), Handbuch des Staatsrechts, Band IX, Heidelberg 1997
BLUMENWITZ, DIETER	Zu den völkerrechtlichen Schranken einer Restitutions- oder Ausgleichsregelung in der Bundesrepublik Deutschland, DtZ 1993, 258 ff.
BRYDE, BRUN-OTTO	Verfassungsentwicklung, Baden-Baden, 1982
BUSSE, VOLKER	Das vertragliche Werk der deutschen Einheit und die Änderungen von Verfassungsrecht, DÖV 1991, 345 ff.
DETTERBECK, STEFFEN	Streitgegenstand und Entscheidungswirkungen im Öffentlichen Recht, Tübingen 1995
DREIER, HORST (HRSG.)	Grundgesetz – Kommentar, Band I, Tübingen 1996
DREIER, HORST (HRSG.)	Grundgesetz – Kommentar, Band III, Tübingen 2000
FOERSTE, ULRICH	Wiederaufnahme des Zivilprozesses bei naturwissenschaftlichem Erkenntnisfortschritt, NJW 1996, 345 ff.
GAUL, HANS FRIEDHELM	Die Grundlagen des Wiederaufnahmerechts und die Ausdehnung der Wiederaufnahmegründe, Bielefeld 1956
GEIGER, WILLI	Gesetz über das Bundesverfassungsgericht – Kommentar, Berlin/Frankfurt a.M. 1952
HEINZ, ECKHART	Zur Rechtslage des Eigentumsentzugs in der Sowjetischen Besatzungszone Deutschlands, BB 1993, 733 ff.
HERZOG, ROMAN	Das Bodenreform-Urteil des Bundesverfassungsgerichts, in: Sobotka (Hrsg.), Wiedergutmachungsverbot? Die Enteignungen in der ehemaligen SBZ zwischen 1945 und 1949, Mainz 1998,

	S. 153 ff.
Höch, Thomas	Die Forderungen der DDR und der Sowjetunion als sachliche Gründe für den Restitutionsausschluss, DtZ 1995, 76 ff.
Ipsen, Jörn	Nichtigerklärung oder „Verfassungswidrigerklärung" – Zum Dilemma der verfassungsgerichtlichen Normenkontrollpraxis, JZ 1983, 41 ff.
Ipsen, Jörn	Rechtsfolgen der Verfassungswidrigkeit von Norm und Einzelakt, Baden-Baden 1980
Ipsen, Knut	Völkerrecht, 4. Auflage, München 1999
Jarass/Pieroth	Grundgesetz für die Bundesrepublik Deutschland, 6. Auflage, München 2002
Johannsen, Kurt	Rechtfertigung und Begrenzung der Wiederaufnahme des Verfahrens nach § 580 ZPO, in: Festschrift für den 45. Deutschen Juristentag, Karlsruhe 1964, S. 81 ff.
Kegel, Gerhard/Seidl Hohenveldern, Ignaz	Zum Territorialitätsprinzip im internationalen öffentlichen Recht, in: Konflikt und Ordnung, Festschrift für Murad Ferid, 1978, S. 233 ff.
Kimminich, Otto	Auswirkungen des Einigungsvertrags auf die Eigentumsgarantie des Grundgesetzes, in: Verfassungsrecht im Wandel, Festschrift Carl Heymanns Verlag, Köln-Berlin-Bonn-München 1995, S. 75 ff.
Kimminich, Otto	Bemerkungen zur Überleitung der Eigentumsordnung der ehemaligen DDR, in: Stern (Hrsg.), Deutsche Wiedervereinigung, Band I, Eigentum – Neue Verfassung – Finanzverfassung, Köln, Berlin, Bonn, München 1991, S. 3 ff.
Klein, Eckart	Deutsche Einigung und Rechtsprechung des Bundesverfassungsgerichts, in: Verfassungsrecht im Wandel, Festschrift Carl Heymanns Verlag, 1995, S. 91 ff.
Kopp/Ramsauer	Verwaltungsverfahrensgesetz – Kommentar, 8. Auflage, München 2003
Lechner /Zuck	Bundesverfassungsgerichtsgesetz – Kommentar, 4. Auflage, München 1996
Leibholz /Ruppert	Bundesverfassungsgerichtsgesetz – Rechtsprechungskommentar, Köln 1968
v. Mangoldt/ Klein/Starck	Das Bonner Grundgesetz – Kommentar, Band 1, 4. Auflage, München 1999

Literaturverzeichnis 101

V. MANGOLDT/ KLEIN/ STARCK	Das Bonner Grundgesetz – Kommentar, Band 2, 4. Auflage, München 2000
V. MANGOLDT/ KLEIN/STARCK	Das Bonner Grundgesetz – Kommentar, Band 3, 4. Auflage, München 2001
V. MANGOLDT/ KLEIN/V. CAMPENHAUSEN	Das Bonner Grundgesetz – Kommentar, Band 14, 3. Auflage, München 1991
MAUNZ/DÜRIG	Grundgesetz – Kommentar, Band II, München, Stand Februar 2003
MAUNZ/DÜRIG	Grundgesetz – Kommentar, Band V, München, Stand Februar 2003
MAUNZ/SCHMIDT-BLEIBTREU/KLEIN/BETHGE	Bundesverfassungsgerichtsgesetz – Kommentar, Band 1, München, Stand September 2003
MAUNZ/SCHMIDT-BLEIBTREU/KLEIN/BETHGE	Bundesverfassungsgerichtsgesetz – Kommentar, Band 2, München, Stand September 2003
MAURER, HARTMUT	Der Eigentumsregelung im Einigungsvertrag, JZ 1992, 183 ff.
MAURER, HARTMUT	Zur Verfassungswidrigkeit von Gesetzen, in: Im Dienst an Recht und Staat, Festschrift für Werner Weber, Berlin 1974, S. 345 ff.
MEIXNER, RÜDIGER	Roma locuta, causa finita: Der „Bodenreform"-II-Beschluss – Das BVerfG bekräftigt die Irreversibilität der sowjetzonalen Konfiskationen, DÖV 1997, 184 ff.
MEYER, SUSANNE	Die Zuordnung von Mauergrundstücken nach Einigungsvertrag und VZOG, VIZ 1996, 314 ff.
MEYER/BORGS	Kommentar zum Verwaltungsverfahrensgesetz, 2. Auflage, Frankfurt am Main 1982
MOTSCH, RICHARD	Sachgründe für den Restitutionsausschluss bei besatzungsrechtlichen Enteignungen (1945 - 1949), DtZ 1994, 19 ff.
V. MÜNCH/KUNIG	Grundgesetz – Kommentar, Band 3, 5. Auflage, München 2003
OBERMAYER, KLAUS	Kommentar zum Verwaltungsverfahrensgesetz, 3. Auflage, Neuwied und Kriftel 1999
OSSENBÜHL, FRITZ	Eigentumsfragen, in: Isensee/Kirchhof (Hrsg.), Handbuch des Staatsrechts, Band IX, Heidelberg 1997
PAFFRATH, CONSTANZE	Macht und Eigentum. Die Enteignungen 1945 - 1949 im Prozess der deutschen Wiedervereinigung, Köln 2004

PAPIER, HANS-JÜRGEN	Die Entwicklung des Verfassungsrechts seit der Einigung und seit Maastricht, NJW 1997, 2841 ff.
PAPIER, HANS-JÜRGEN	Eigentumsrechtliche Probleme in den neuen Bundesländern, in: Verfassungsrecht im Wandel, Festschrift Carl Heymanns Verlag, Köln-Berlin-Bonn-München 1995, S. 147 ff.
PAPIER, HANS-JÜRGEN	Verfassungsrechtliche Probleme der Eigentumsregelung im Einigungsvertrag, NJW 1991, 193 ff.
PAPIER, HANS-JÜRGEN	Vergangenheitsbewältigung: Abwicklung, Ahndung, Entschädigung, in: Isensee/Kirchhof (Hrsg.), Handbuch des Staatsrechts, Band IX, Heidelberg 1997
PESTALOZZA, CHRISTIAN	Verfasssungsprozessrecht, 3. Auflage, München 1991
V. RAUMER, STEFAN	Legitimität der rehabilitierungsrechtlichen Ungleichbehandlung von „besatzungsrechtlichen und besatzungshoheitlichen" verfolgungsbedingten Strafzugriffen gegenüber „besatzungshoheitlichen" verfolgungsbedingten Verwaltungszugriffen?, ZOV 2003, 355 ff.
ROSENBERG /SCHWAB / GOTTWALD	Zivilprozessrecht, 15. Auflage, München 1993
SACHS, MICHAEL	Die Bindung des Bundesverfassungsgerichts an seine Entscheidungen, München 1977
SACHS, MICHAEL	Die Wiederaufnahme verfassungsgerichtlicher Verfahren, BayVBl. 1979, 385 ff.
SACHS, MICHAEL	Tenorierung bei Normenkontrollentscheidungen des Bundesverfassungsgerichts, DÖV 1982, 23 ff.
SACHS, MICHAEL (HRSG.)	Grundgesetz – Kommentar, 3. Auflage, München 2003
SCHLAICH /KORIOTH	Das Bundesverfassungsgericht, 6. Auflage, München 2004
V. SCHLIEFFEN, ALBRECHT	Das Ende der Legende, in: Sobotka (Hrsg.), Wiedervereinigungsverbot?, Die Enteignungen in der ehemaligen SBZ zwischen 1945 und 1949, Mainz 1998, S. 378 ff.
V. SCHLIEFFEN, ALBRECHT	Die Wiedervereinigung Deutschlands – Die Legende von der Vorbedingung, in: Sobotka (Hrsg.), Wiedervereinigungsverbot?, Die Enteignungen in der ehemaligen SBZ zwischen 1945 und 1949, Mainz 1998, S. 161 ff.
SCHÖNKE /KUCHINKE	Zivilprozessrecht, 9. Auflage, Karlsruhe 1969
SCHWEISFURTH, THEODOR	SBZ-Konfiskationen privaten Eigentums 1945 bis 1949, Völkerrechtliche Analyse und Konsequenzen für das deutsche

Literaturverzeichnis

Recht, Baden-Baden 2000

SCHWEISFURTH, THEODOR Von der Völkerrechtswidrigkeit der SBZ-Konfiskationen 1945 - 1949 zur Verfassungswidrigkeit des Restitutionsausschlusses, VIZ 2000, 505 ff.

SOBOTKA, BRUNO J. (HRSG.) Wiedervereinigungsverbot?, Die Enteignungen in der ehemaligen SBZ zwischen 1945 und 1949, Mainz 1998

STEIN/JONAS/GRUNSKY Kommentar zur Zivilprozessordnung, Band 5, Teilband 1, 21. Auflage, Tübingen 1994

STEINBERG, RUDOLF Die Verfassungsmäßigkeit des Restitutionsausschlusses sowjetzonaler Enteignungen im Einigungsvertrag, NJ 1991, 1 ff.

STELKENS/BONK/SACHS Verwaltungsverfahrensgesetz – Kommentar, 5. Auflage, München 1998

STERN, KLAUS Das Staatsrecht der Bundesrepublik Deutschland, Band V – Die Geschichtlichen Grundlagen des Deutschen Staatsrechts, München 2000

STERN/SCHMIDT-BLEIBTREU Verträge und Rechtsakte zur Deutschen Einheit, Band 2, Einigungsvertrag und Wahlvertrag, München 1990

STERN/SCHMIDT-BLEIBTREU Verträge und Rechtsakte zur Deutschen Einheit, Band 3, Zwei-plus-Vier-Vertrag, Partnerschaftsverträge, EG-Maßnahmepaket mit Begründungen und Materialien, München 1991

UECHTNITZ, MICHAEL Verfassungsrechtliche Zweifelsfragen beim Entschädigungs- und Ausgleichsleistungsgesetz (EALG), DVBl. 1995, 1158 ff.

UMBACH/CLEMENS (HRSG.) Bundesverfassungsgerichtsgesetz – Mitarbeiterkommentar und Handbuch, Heidelberg 1992

UMBACH/CLEMENS (HRSG.) Grundgesetz – Mitarbeiterkommentar, Band I, Heidelberg 2002

UMBACH/CLEMENS (HRSG.) Grundgesetz – Mitarbeiterkommentar, Band II, Heidelberg 2002

VITZTHUM/MÄRZ Restitutionsausschluss: Berliner Liste 3, Verfahrensbeteiligung, Entschädigungs- und Ausgleichsleistungsgesetz, Berlin 1995

WASMUTH, JOHANNES Besatzungshoheitliche Enteignungen nach dem Bodenreform II-Beschluss des Bundesverfassungsgerichts, in: Sobotka (Hrsg.), Wiedergutmachungsverbot? Die Enteignungen in der ehemaligen SBZ zwischen 1945 und 1949, Mainz 1998, S. 624 ff.

WASMUTH, JOHANNES	Der Bodenreform II-Beschluss des Bundesverfassungsgerichts, VIZ 1996, 361 ff.
WASMUTH, JOHANNES	Diskriminierung besatzungshoheitlich Enteigneter im bundesdeutschen Rechtsstaat, DÖV 1994, 986 ff.
WASMUTH, JOHANNES	Nochmals: Restitutionsausschluss und Willkürverbot, DtZ 1994, 142 ff.
WASMUTH, JOHANNES	Restitutionsausschluss und Willkürverbot, DtZ 1993, 334 ff.
WASMUTH, JOHANNES	Zur Verfassungswidrigkeit des Restitutionsausschlusses für Enteignungen auf besatzungsrechtlicher oder besatzungshoheitlicher Grundlage, NJW 1993, 2476 ff.
WASSERMANN, RUDOLF	Soll das Mauerunrecht bleiben?, NJW 1995, 109 f.
WENDT, RUDOLF	Aussprache zu: Vitzthum, Wolfgang Graf, Das Bodenreform-Urteil des Bundesverfassungsgerichts: Analyse und Kritik, in: Stern, Klaus (Hrsg.), Deutsche Wiedervereinigung, Bd. II/1, Zur Wiederherstellung der inneren Einheit, Vermögensfragen – Öffentlicher Dienst – Universitäten, Köln-Berlin-Bonn-München 1992, S. 32 ff.
WÜRTHWEIN, SUSANNE	Neue wissenschaftliche Erkenntnisse und materielle Rechtskraft, ZZP 1999, 447 ff.
ZÖLLER, RICHARD (BEGR.)	Zivilprozessordnung – Kommentar, 24. Auflage, Köln 2004

Kölner Schriften zu Recht und Staat

Herausgegeben von
Hartmut Schiedermair und Bernhard Kempen

Band 1 Bernhard Kempen: Die deutsch-polnische Grenze nach der Friedensregelung des Zwei-plus-Vier-Vertrages. 1997.

Band 2 Hans-Georg Maaßen: Die Rechtsstellung des Asylbewerbers im Völkerrecht. Überlegungen zu den völkerrechtlichen Rahmenbedingungen einer europäischen Asylrechtsharmonisierung. 1997.

Band 3 Udo Fink: Kollektive Friedenssicherung. Kapitel VII UN-Charta in der Praxis des Sicherheitsrats der Vereinten Nationen. 1999.

Band 4 Stephan Grigolli: Sprachliche Minderheiten in Italien, insbesondere Südtirol, und in Europa. Der Gebrauch der Sprache vor Behörden und Gerichten und die Vergabe öffentlicher Stellen. 1997.

Band 5 Uta Stoy-Schnell: Das Bundesverfassungsgericht und die Corte costituzionale. Ein Vergleich der Verfassungsgerichtsbarkeiten in Deutschland und Italien. 1998.

Band 6 Christian Hillgruber: Die Aufnahme neuer Staaten in die Völkerrechtsgemeinschaft. Das völkerrechtliche Institut der Anerkennung von Neustaaten in der Praxis des 19. und 20. Jahrhunderts. 1998.

Band 7 Jochen Seitz: Planungshoheit und Grundeigentum. Die verfassungsrechtlichen Schranken der städtebaulichen Entwicklungsmaßnahmen. 1999.

Band 8 Jochen Herbst: Rechtskontrolle des UN-Sicherheitsrates. 1999.

Band 9 Kristin Möller: Die Beschaffung naturschutzrechtlicher Ausgleichsflächen im Baurecht. 1999.

Band 10 Klaus Löffelbein: Genehmigungsfreies Bauen und Nachbarrechtsschutz. Die baurechtlichen Anzeige- und Freistellungsverfahren der Länder aus nachbarlicher Sicht. 2000.

Band 11 Patrick Mittmann: Die Rechtsfortbildung durch den Gerichtshof der Europäischen Gemeinschaften und die Rechtsstellung der Mitgliedstaaten der Europäischen Union. 2000.

Band 12 Martin R. Albus: Zur Notwendigkeit eines Internationalen Umweltgerichtshofs. Zugleich eine Analyse der Staatenpraxis zum Internationalen Umwelthaftungsrecht und der Rechtsschutzmöglichkeiten bei grenzüberschreitenden Umweltbeeinträchtigungen. 2000.

Band 13 Irene Baur: Die Haftung der Europäischen Zentralbank. 2001.

Band 14 Tobias R. Ehlen: Zentralisierungsmöglichkeiten der deutschen Börsenaufsicht. 2003.

Band 15 Ulrich Steiner: Wertsicherungsklauseln. Zur Europarechtskonformität des neuen § 2 PaPkG. 2003.

Band 16 Stephanie Vogel: Der Prüfungsumfang des Bundesverfassungsgerichts bei Verfassungsbeschwerden am Beispiel der Kunstfreiheitsrechtsprechung. 2004.

Band 17 Thomas Schmidt: Deutsche Hochschulräte. Begriff, Darstellung und rechtliche Analyse. 2004.

Band 18 Kirsten Schmalenbach: Die Haftung Internationaler Organisationen im Rahmen von Militäreinsätzen und Territorialverwaltungen. 2004.

Band 19 Gunter Warg: Von Verteidigung zu kollektiver Sicherheit. Der Nato-Vertrag *auf Rädern*. 2004.

Band 20 Bernhard Kempen / Yvonne Dorf: Bodenreform 1945–1949. Eine verfassungsrechtliche Neubewertung. 2004.

www.peterlang.de

Yvonne Abicht

Fehlgeschlagene Umwandlungen als stecken gebliebene Sachgründungen

Tatbestand und Rechtsfolgen am Beispiel unwirksamer Umwandlungen ehemaliger landwirtschaftlicher Produktionsgenossenschaften in den neuen Bundesländern

Frankfurt am Main, Berlin, Bern, Bruxelles, New York, Oxford, Wien, 2004.
XLI, 302 S.
Europäische Hochschulschriften: Reihe 2, Rechtswissenschaft. Bd. 3852
ISBN 3-631-52104-9 · br. € 56.50*

Grundlage der Arbeit ist die Rechtsprechung des Bundesgerichtshofes zur Unwirksamkeit von Umwandlungen landwirtschaftlicher Produktionsgenossenschaften (LPGen) in den neuen Bundesländern. Die Verfasserin untersucht, welche tatsächlichen und rechtlichen Probleme sich im Fall der fehlgeschlagenen Umwandlung für die betroffenen Unternehmen und Gesellschafter stellen. Dabei werden neben registerrechtlichen Aspekten auch spezielle Fragen zur Abwicklung der seit 1.1.1992 per Gesetz aufgelösten LPG und Probleme des neuen Rechtsträgers aufgrund des gescheiterten Vermögensüberganges behandelt. Der Schwerpunkt der Bearbeitung liegt in der Erarbeitung einer rechtlich zulässigen und praktisch handhabbaren Lösung zur Bereinigung der vermögensrechtlichen Verhältnisse zwischen beiden Unternehmen.

Aus dem Inhalt: Schwere Mängel der eingetragenen Umwandlung und ihre Behandlung in Rechtsprechung und Wissenschaft · Unwirksame Umwandlungen als stecken gebliebene Sachgründungen · Möglichkeiten der nachträglichen *Heilung* der unwirksamen Umwandlung · Die Geltendmachung der unwirksamen Umwandlung · Rechtsfragen der LPG in Liquidation · Rechtliche Fragen zum neuen Rechtsträger · Die Ansprüche der LPG auf Rückgabe ihres Vermögens · Gegenansprüche des neuen Rechtsträgers · Praktische Rückabwicklung durch Unternehmenskauf

Frankfurt am Main · Berlin · Bern · Bruxelles · New York · Oxford · Wien
Auslieferung: Verlag Peter Lang AG
Moosstr. 1, CH-2542 Pieterlen
Telefax 00 41 (0) 32 / 376 17 27

*inklusive der in Deutschland gültigen Mehrwertsteuer
Preisänderungen vorbehalten
Homepage http://www.peterlang.de